ALORS NOUS IRONS TROUVER
LA BEAUTÉ AILLEURS

CORINNE MOREL DARLEUX

ALORS NOUS IRONS TROUVER LA BEAUTÉ AILLEURS

Gymnastique des confins

LIBERTALIA

DE LA MÊME AUTRICE

Plutôt couler en beauté que flotter sans grâce
essai, Libertalia, 2019

Là où le feu et l'ours
roman, Libertalia, 2021

Le Gang des chevreuils rusés
roman, Seuil jeunesse, 2021

La Sauvagière
roman, Dalva, 2022

Être heureux avec moins ?
essai, La Martinière jeunesse, 2023

Actualité & catalogue complet : editionslibertalia.com

« J'ai parfois le sentiment de ne pas être un vrai être humain, mais plutôt un oiseau ou quelque autre animal qui aurait très vaguement pris forme humaine ; au fond de moi, je me sens bien plus chez moi dans un petit bout de jardin comme ici, ou dans la campagne, entourée de bourdons et de brins d'herbe que dans un congrès du Parti. À vous, je peux bien dire cela tranquillement ; vous n'irez pas tout de suite me soupçonner de trahir le socialisme. Vous savez bien qu'au bout du compte, j'espère mourir à mon poste : dans un combat ou au pénitencier. Mais mon moi le plus profond appartient plus à mes mésanges charbonnières qu'aux "camarades". »

Rosa Luxemburg, lettre à Sonia Liebknecht du 2 mai 1917

« Je crois qu'on écrit pour créer un monde dans lequel on puisse vivre. Je ne pouvais vivre dans aucun de ceux qui m'étaient proposés : le monde de mes parents, le monde de la guerre, le monde de la politique. Il me fallait créer un monde à moi, comme un climat, un pays, une atmosphère, où je puisse respirer, régner et me régénérer lorsque j'étais détruite par la vie. »

Anaïs Nin, *Journal 1947-1955*

« [Le romantisme est] une vision du monde, une protestation culturelle contre le désenchantement capitaliste du monde, contre la civilisation bourgeoise moderne, au nom de valeurs pré-capitalistes. D'une certaine façon, le romantisme peut être considéré comme une tentative, animée par l'énergie du désespoir et éclairée par le "soleil noir de la mélancolie", de réenchantement du monde. »

Michael Löwy, *La Révolution est le frein d'urgence : essais sur Walter Benjamin*

1.

J'ai commencé à rédiger ce texte en plein hiver dans le Vercors. J'étais fermement résolue à rester studieusement tapie dans mon terrier d'écriture, mais, bien sûr, rien ne s'est passé comme prévu. Un microbe m'a tenue éloignée du clavier pendant un long mois et j'ai passé un autre mois en mission en Inde. Un mois inouï de bonheur, d'abandon à l'incompréhension, d'un merveilleux ailleurs. Un mois durant lequel j'ai été submergée de couleurs, d'agitation, de touffeur et de végétation.

À mon retour en France, en pleine crise démocratique et explosion de répression policière, la dissonance était telle qu'en quelques jours tout le bénéfice de l'Inde avait été balayé. C'est du moins ce qu'il m'a semblé. Mais après une journée devant le palais de justice de Valence à espérer la sortie de cinq interpellés, après de nouvelles brutalités gouvernementales, une annonce de dissolution, des accusations d'«écoterrorisme» et une semaine de riposte de toute beauté, je me rendis compte que j'y avais reconstitué une énergie et un élan qui m'avaient depuis longtemps désertée.

Je décidai alors de m'attacher sérieusement à résoudre la dissonance récurrente entre le bonheur que j'éprouve à être vivante et le sentiment d'accablement qui me saisit quand je regarde le monde, en contestant de devoir être l'une *ou* l'autre. Ni militante ni autrice, ni romantique ni révolutionnaire, ni austère ni kitsch, ni activiste ni individualiste, donc, si ce n'est tout cela à la fois : je refuse de choisir entre l'utile et le beau, entre le quotidien et l'exotique, entre l'inquiétude et l'émerveillement, entre l'écriture et le militantisme, entre la fiction et la réalité. Car c'est bien ce va-et-vient incessant entre s'extraire et revenir, cette *gymnastique des confins*, qui fait le sel de l'existence et permet de tenir par grands vents.

Les confins évoquent intuitivement des contrées lointaines, des précipices et des pointes avancées avant le gouffre, des fins de continents que l'Océan s'apprête à engloutir, d'obscurs villages de montagne escarpés ou des steppes reculées, autant d'archaïsmes échappant à la modernité. Mais le bord du monde n'est pas que géographique ou exotique ; il sait se faire intime. Il existe des confins intérieurs, aux extrémités rarement explorées de nos inconscients. Il existe aussi des ailleurs proches, territoires d'une familière étrangeté où ce qui nous est le plus connu peut encore charrier son lot de nouveauté et d'émerveillement, pour peu qu'on l'examine depuis de nouvelles perspectives. Il y a des confins qu'on ne peut toucher qu'en faisant un pas de côté.

Ces espaces indévoilés deviennent d'une importance capitale dans la tristesse d'un monde clos où l'inexploré n'a plus cours. Un monde où l'inconscient ne trouve plus d'espace où s'exprimer ; où la pensée s'éteint, noyée sous les sollicitations ; où l'imagination ne se nourrit plus que de récits formatés. Quand chaque petit coin de rivière est révélé sur une application, quand l'uniformisation véhiculée par le *soft-power*, les marques et les franchises gomme l'étrangeté de l'ailleurs et que chaque lieu ressemble furieusement à celui que l'on vient de quitter.

Pourtant, le monde nous réserve encore des surprises, comme autant de brèches lumineuses. Des rêves éveillés, comme ces gouffres vertigineux dont j'ai découvert récemment l'existence, surgissant des régions montagneuses du sud de la Chine. Des *fosses célestes* nommées *tiankeng* en mandarin, dolines gigantesques où l'érosion du calcaire et l'infiltration de l'eau ont creusé la roche karstique pendant des millénaires jusqu'à former de véritables vallées souterraines de plusieurs hectares avec leur microclimat et leurs forêts vierges. Soudain, quelque chose existe là où il n'y avait rien et, alors que tout semblait s'éteindre, ressurgit la beauté.

Cette découverte m'a fait bondir le cœur et, même si elle n'a rien d'exceptionnel en Chine, où c'est la trentième cavité de ce type à être recensée, dans mon esprit elle tient du prodige. Elle me saisit comme ce lever de Soleil sur la Lune que décrit Victor Hugo dans *Le Promontoire du songe* :

> « Par aventure, on rencontre un télescope, et cette lune, on la voit, et cette figure de l'inattendu surgit devant vous, et vous vous trouvez face à face dans l'ombre avec cette mappemonde de l'Ignoré. »

J'y vois une invitation à plonger sous la surface des choses, à rendre palpable l'invisible en décadrant nos perspectives et à explorer, par une attention renouvelée, ces espaces où subsiste une part de beauté.

Les confins, si l'on y songe, représentent aussi une certaine définition de l'avenir alors que le monde touche à ses limites, que le présent bascule vers des terres inconnues et que surgissent des failles qu'il va nous falloir élargir avant de s'y glisser. Formellement, les confins désignent précisément cet intervalle entre présent et futur, l'espace-temps où commence un territoire immédiatement voisin. Le «confin» intervient alors comme une anti-frontière qui soulignerait la proximité plutôt que la séparation. Il n'est pas tant le mur entre deux univers distincts que la matérialisation au contraire d'un passage, d'une passerelle, d'un espace intermédiaire.

Ces mondes que l'on imagine séparés coexistent souvent en réalité. Qu'il s'agisse du rural et de l'urbain, du sauvage et du civilisé, du terrestre et du moderne, de l'étrange et du familier, de l'humain et du non-humain, du futur et du passé, il n'existe jamais de ligne de démarcation claire. Tout se juxtapose horizontalement, se superpose verticalement, se recompose à chaque instant. Une certaine littérature, des voyages particuliers comme une pratique sociale de l'anthropologie consistent à débusquer ces prémices du futur, à cartographier ces zones de trouble et de chevauchement, à arpenter ces confins sans préjugés et à en faire, *in fine*, des sujets politiques.

Cette déambulation littéraire, politique et géographique navigue entre l'essai, le récit de voyage et le journal. Elle parle d'Inde et du Rojava, de romans, de prison et de broderie, de tropiques et de subsistance, de folie, de décroissance et de rêves. Des vaches et des écureuils tigrés s'y promènent en toute liberté au milieu de réflexions sur l'activisme politique. Elle mélange allègrement les genres. J'espère qu'elle saura aussi brouiller les frontières.

2.

Je n'ai jamais vraiment saisi comment certains fuseaux horaires pouvaient valoir une demi-heure, mais le fait est qu'en Inde, au mois de mars, il est *demain* quatre heures trente avant la France. Ce petit bond en avant m'a toujours fascinée et j'ai souvent éprouvé un malin plaisir, quand je séjournais en Orient, à écrire expressément à mes interlocuteurs dans cet entre-deux temporel, juste pour le plaisir de signer depuis le jour d'après.

J'écris depuis le patio d'une *guesthouse* de Pondichéry, entourée de notes griffonnées, de bananiers et de frangipaniers en fleurs, sous un ventilateur qui peine à chasser la touffeur humide qui me fait ruisseler jour et nuit. Le golfe du Bengale s'étale à une centaine de mètres. Le bruit des klaxons dehors est légèrement amorti. J'ai arpenté pendant des heures tôt ce matin le jardin botanique, les rues encombrées de deux-roues et surchargées de foule, croisant *sadhus* aux pieds nus, marchands ambulants, cordonniers au sol, enfileuses de fleurs près des temples, fabricants de chaussures sur le canal, vendeuses de noix de coco, de tamarin, d'oignons et de poissons au marché… Je suis en Inde depuis à peine deux semaines et une partie considérable de ce que je croyais savoir, aimer ou détester est en train de basculer.

Je me suis rendue à Delhi à l'invitation de l'Institut français, dans le cadre d'une délégation française menée par la lauréate du prix Nobel de littérature, Annie Ernaux, pour la New Delhi World Book Fair. L'occasion était exceptionnelle. Des rencontres étaient prévues avec des lycéens et des universitaires sur les liens entre activisme et littérature, des lectures et présentations de mon roman *La Sauvagière* programmées en librairie et en plein air, sous l'arbre sacré *Ashoka* ; j'allais pouvoir partir en Inde du Sud à la découverte de mouvements paysans et de collectifs de villageoises autogérés. J'éprouvais une terrible envie de m'extraire de l'actualité. Ce serait la première fois en Inde de ma vie et j'avais la possibilité d'y prolonger mon séjour un mois, en dehors des circuits touristiques. J'ai dit oui.

L'itinérance a pendant longtemps été ma norme et le voyage ma came, avant que je ne prenne la décision déchirante de limiter mes trajets en avion, pour des raisons environnementales évidentes. Pendant plus de dix ans de militantisme internationaliste, tous mes déplacements ont été étroitement mêlés au combat politique. Avec le souci intime, jaloux, de voyager de la manière la plus libre et indépendante possible. Dans chacune de ces odyssées, plus ou moins épiques, souvent solitaires, le roman a été mon meilleur compagnon.

Mon exemplaire du recueil *Aucune bête aussi féroce* d'Edward Bunker est encore fripé du souvenir des eaux de l'océan Indien. *La Fête au bouc* de Mario Vargas Llosa m'a tenu compagnie aux confins de l'Argentine pendant ma longue attente d'un mandat, bloquée sans un sou sur la route de Salta. J'ai vibré avec Modesta et Carmine en lisant *L'Art de la joie* de Goliarda Sapienza sur les longues plages désertes de l'ouest de l'Équateur. Puis, me convertissant progressivement aux voyages immobiles, j'ai lu *La Longue Route* de Bernard Moitessier sous un magnolia drômois, *Les Furtifs* d'Alain Damasio dans une anse de Porto-Vecchio, *Une femme fuyant l'annonce* de David Grossman sur la Côte des Basques, et revisité tout Joseph Kessel pendant le confinement du printemps 2020, face au Vercors. Aussi, qu'elle soit statique ou exotique, la lecture reste pour moi indissociable d'une certaine idée du voyage, celui qui nous fait glisser un roman dans un sac comme celui qu'on effectue simplement en tournant des pages.

Le nomadisme est un mode de vie qui, je le découvre aujourd'hui, peut s'ancrer et se déployer dans un territoire en s'émancipant des contraintes logistiques. On y perd, c'est indéniable, une part d'étrangeté immédiate et fantastique, mais c'est en m'éloignant de la ville et en cessant de courir les routes que j'ai acquis la sensation, pour la première fois de ma vie dans un petit village drômois, d'*entrer dans le paysage*, de trouver un foyer, ou mieux une *querencia*, selon le terme de Barry Lopez qui le définit, dans *Réécrire l'Amérique. Vers une littérature des lieux,* comme un abri où l'on se sent en sécurité, d'où l'on tire de la force – un mélange espagnol entre le désir et le défi. Dans cette *querencia*, on gagne en profondeur, en attention et en enracinement, ce « besoin le plus important et le plus méconnu de l'âme humaine » selon Simone Weil, car on se laisse, enfin, approprier par un territoire au lieu de le visiter.

Cela fait quinze ans que je ne pars plus à l'étranger pour les vacances. Vu l'existence que je mène, l'absence de patron et d'horaires, la notion même de vacances n'a pas beaucoup de sens, si ce n'est en la ramenant à son origine latine, synonyme de vide et de temps disponible. Mais surtout, les dégâts et l'agacement croissant que charrie le tourisme de masse, l'indécence qu'apportent inévitablement les différences de pouvoir d'achat, le bilan carbone bien sûr et, de manière plus globale, l'insanité d'effleurer l'exotisme depuis un hôtel ghettoïsé ou un bord de plage *de facto* privatisé, tout cela m'a conduit à y renoncer. Néanmoins, j'ai continué de voyager pour des périodes plus longues, avec des attentions politiques et une exigence de restitution publique. C'est ce que j'ai fait en Syrie du Nord notamment, mon unique destination pendant cinq ans, pour tenter de comprendre le Rojava et sa révolution.

Quand je suis partie pour la deuxième fois au Rojava, à l'été 2019, j'avais emporté avec moi un pavé, *Anna Karénine* de Léon Tolstoï. J'avais depuis longtemps envie de le relire, une amie me l'avait confié et c'était le meilleur rapport de temps de lecture au poids que je pouvais espérer – j'aime voyager compact, avec mon seul sac à dos et les mains libres. Ce que je n'avais pas anticipé, c'est l'exquise fraîcheur que me procurèrent les télègues au milieu des champs de neige, les cols de fourrure et le patinage sur glace, les bois de jeunes bouleaux mêlés aux trembles, en bref la lecture de ces paysages glacés, au cours de l'été le plus chaud qu'il m'ait jamais été donné d'endurer.

Nous séjournions au village de femmes de Jinwar, un endroit dénué de confort matériel mais incroyablement vivant, bruissant d'interpellations sur le seuil des maisons, de cuisine collective et de jeux d'enfants, du jappement de chiots fous qui nous suivaient partout. Un écrin de densité humaine et de simplicité, entouré d'un paysage aride, de champs ravagés par les incendies, dans une steppe mortifiée par la monoculture imposée par le régime. La seule forêt qu'on nous avait fièrement emmenés visiter consistait en quelques dizaines d'arbres maigrement groupés autour d'un court plan d'eau. *Anna Karénine* m'emportait loin de tout ça, dans un vertige incroyablement décalé, au cœur de l'hiver russe et de l'hypocrisie de la haute société pétersbourgeoise. Une matriochka littéraire, un voyage dans le voyage entre deux confins opposés que rien, ni la classe sociale, ni le climat, ni l'époque, ne juxtaposait.

3.

Face aux étagères remplies d'une bibliothèque ou d'une librairie, je m'émerveille souvent jusqu'au désarroi du nombre d'ouvrages à lire, d'histoires qui attendent patiemment d'être dévoilées, du nombre de figures et de destinées qu'elles renferment. C'est une promesse inépuisable, la manière la plus sûre et la plus simple de s'assurer des heures d'évasion et de compagnie. On peut y intensifier un quotidien trop terne ou en adoucir les tourments, vivre mille épopées mythiques sans y risquer sa vie et abolir enfin « le scandale qui consiste à n'avoir qu'une seule vie », pour reprendre la belle expression de Vincent Message citée par Alice Zeniter.

Or le désir d'échapper aux contraintes de l'existence se fait pressant. Il se généralise tant qu'un néologisme a été créé, l'*escapisme*, qui consiste à s'évader de la réalité et à se retirer du monde. Cette fugue peut passer par l'exercice compulsif et obsessionnel du sport, du grignotage ou du travail, mais elle se produit le plus souvent devant un écran. Le succès de fréquentation des plateformes multijoueurs, qui a explosé pendant le confinement, le prouve. N'y voyant qu'une forme de réalité augmentée du capitalisme, celles et ceux qui comme moi sont nés avant le Minitel sont tentés de hausser les épaules en citant *Matrix*. Ce serait pourtant une erreur d'ignorer le nombre de personnes, jeunes très souvent, qui s'y réfugient. On ne peut pas résumer les univers virtuels à de nouveaux espaces marchands.

Depuis l'émergence de Second Life au début des années 2000, ils sont aussi utilisés pour se mettre à l'abri du réel et, souvent, pour se forger une identité choisie. Parmi les 160 millions d'utilisateurs et utilisatrices de Roblox, l'une de ces plateformes, la plupart ont moins de 16 ans. Leurs témoignages soulignent le plaisir qu'elles et ils éprouvent à devenir quelqu'un d'autre, à changer de corps, de sexe, à se coller des oreilles d'elfe, se faire chef de guerre, icône pop ou même individu lambda – le jeu le plus populaire consistant semble-t-il à se promener, aménager sa maison ou regarder la télévision, mais à le faire en étant dégagé des contraintes matérielles, de son cadre de vie habituel et de toute autorité imposée.

On aurait tort je crois d'ignorer ce que cela nous dit des effets de la société moderne, de l'état de la jeunesse et de ses aspirations. Plus d'un tiers des jeunes, selon certaines études, hésite à avoir des enfants au vu de l'allure que prend le monde ; les trois quarts jugent le futur effrayant. Et beaucoup se saisissent des écrans que leur tend l'industrie du divertissement. La multiplication de ces paravents numériques, on l'entend souvent, ruine la santé et les capacités cognitives. On sait moins qu'au rythme de consommation actuel il pourrait ne nous rester que quelques décennies de numérique devant nous. L'Agence internationale de l'énergie écrivait en 2021 que « les risques pour l'approvisionnement en minerais sont réels ». PwC alertait en 2022 sur la flambée de la demande en lithium, nickel, cobalt et cuivre, notamment. À force de creuser, on voit se profiler le moment où les gisements seront soit à sec soit non accessibles. Dès lors, une question devrait toutes et tous nous hanter et nous occuper quotidiennement : que se passera-t-il quand les écrans s'éteindront ?

Outre la vulnérabilité des systèmes et leur emprise sur les innombrables aspects de la vie quotidienne qui en dépendent désormais, que deviendront le temps et l'affect actuellement investis dans les écrans ? Quels seront les effets du manque ? Un addictologue en pédopsychiatrie témoigne que cette addiction est passée, en l'espace de sept ans, de 10 % à 90 % de ses motifs de consultation : « lorsque les parents arrêtent l'écran, cela amène l'enfant à des crises qui peuvent être impressionnantes : insultes, portes brisées à coups de pied, menaces de suicide ».

Je me permets d'insister. Que se passera-t-il quand les écrans s'éteindront ?

Peut-être redécouvrira-t-on que les livres fonctionnent sans batterie et permettent de partir au bout du monde sans pétrole ni charbon. Mais le formuler ainsi, c'est se faire plaisir : nous savons pertinemment que cela ne va pas suffire. Car dans ces objets connectés repose toute une vie de flux et de stock. On y trouve sa dose de dopamine, un contact quotidien avec sa famille, son amoureuse, sa bande d'amis, c'est là qu'on trouve son chemin avant même d'être perdu, là que sont stockés nos photographies, nos musiques, nos souvenirs, là qu'on s'indigne, qu'on s'envoie des cœurs avec les doigts, qu'on enregistre des numéros qu'on ne prend plus la peine de mémoriser, là qu'on s'invente une seconde vie. La génération qui devient adulte aujourd'hui n'a jamais rien connu d'autre. Et tout ça dépend d'une minuscule batterie de cobalt et de lithium, dont on nous annonce bientôt la pénurie.

4.

Les univers virtuels ou imaginaires, les voyages et les romans ont en commun de révéler notre insatiable besoin d'ailleurs, de fiction et de terrier – c'est-à-dire de disposer d'un lieu qui n'appartient et ne dépend que de soi, où l'on peut se faire déesse ou roi, libre de tourner la page ou non, de changer d'avatar ou de décapiter le dragon.

Un espace aux confins de la réalité, dans lequel on peut s'échapper à sa guise, voilà qui nous rapproche singulièrement de la folie et du délire. Délirer vient du latin *delirare*, « s'écarter du sillon ». De nombreuses formes de psychose consistent précisément à s'extraire d'une réalité devenue impossible à supporter et, parfois, à s'inventer une autre vie. Cela ne signifie pas pour autant que cette réalité alternative n'existe pas : les hallucinations auditives et visuelles sont terriblement concrètes pour les personnes qui les vivent, et leurs effets le sont eux aussi. Cette autre réalité revêt tous les critères du réel pour les personnes qui s'y meuvent et sans doute sommes-nous, pour elles, les fous qui ne voient pas. Dans *Lord Jim* de Joseph Conrad, j'ai été très émue par un personnage tout à fait secondaire. Ce soldat blessé, dans un hôpital aux confins de l'Asie, terrorisé par une armée de serpents tapis sous son lit, s'efforce d'alerter tous ceux qui passent à leur portée et suffoque à l'idée qu'il est le seul à les voir et donc à pouvoir les déjouer. J'ai vu en ce pauvre damné une réincarnation de Cassandre, princesse ayant reçu le don de prophétie mais qui fut condamnée par Apollon, dont elle avait repoussé les avances, à ne jamais être crue. Un mythe d'une cruauté toute contemporaine.

La frontière entre imagination et folie est ténue. Qui peut se prétendre *fiable* quand l'inconscient, que l'on comprend toujours si peu, s'invite en permanence dans nos vies sans que nous puissions l'entendre ?

Nos esprits sont saturés d'injonctions au divertissement et de flux d'informations ; ils n'ont plus l'espace ni le temps de s'écouter. Noyé dans ce *trop de réalité* dont Annie Le Brun déplore qu'il fait disparaître les rêves, notre inconscient n'est plus audible. Comme les lucioles dont la discrète lueur a été éclipsée par le tapage des néons, les songes continuent d'exister, mais ils ne nous sont plus accessibles. Ceux-ci sont pourtant un rouage essentiel à la conception du monde que fabrique notre cerveau. Car au-delà du mythe rationaliste, il n'y a rien de purement objectif à ce que nous *croyons* avoir sous les yeux. Notre cerveau passe en fait son temps, pour construire cette image du réel, à combiner perception et imagination, à assembler des bribes d'observation directe mais aussi de lectures, de rêves, d'expériences vécues ou de souvenirs tronqués pour créer le terreau de sa propre réalité – cette *normalité* qui, selon Juan José Saer, « n'est rien d'autre que le délire accepté de notre relation au monde ».

Le cerveau est tout sauf passif. Ce n'est ni un écran de projection ni un miroir mental. Il effectue en permanence – et souvent à notre insu – un filtrage attentionnel et perceptif. Le cerveau élimine même constamment des informations. Il y a ainsi des gestes que l'on effectue de manière si machinale que l'on ne les enregistre même plus. Qui se souvient d'avoir délibérément passé les vitesses en conduisant ? Et qui ne s'est jamais demandé s'il avait bien verrouillé la porte ou éteint la lumière ? Pour ces tâches répétitives, on agit dans une forme d'hypnose : on le fait *sans y penser*. À l'inverse, le cerveau fabrique aussi des informations de toutes pièces, allant jusqu'à modifier nos souvenirs et les rendre ambigus – au sens littéral de ce qui présente plusieurs sens possibles et dont l'interprétation est donc incertaine. C'est ainsi que les *réalités* de deux témoins, s'exprimant sincèrement au sujet d'un même événement, peuvent toutes les deux être *vraies* tout en se contredisant.

J'ai moi-même connu plus d'une fois ce phénomène de dilution de la réalité. Il existe plusieurs années de ma vie qui se sont effacées de ma mémoire. J'ai vécu mon adolescence auprès d'une mère dépressive. On m'a raconté les soirées qui finissaient mal ; on m'a dit les scènes insupportables. Je n'en garde aucun souvenir. Je me suis en revanche inventé toute une histoire sur ma conception, qui s'est révélée totalement erronée. J'ai appris depuis à me méfier des constructions auxquelles on croit *dur comme fer* et des jugements que l'on porte sur la supposée folie des autres. Je me garderai toujours de plaquer trop hâtivement ma propre réalité sur autrui.

Éprouver la relativité de ce que l'on tenait pour certain est une expérience très instructive. Elle m'a dotée d'une sévère capacité à l'empathie. Quand je vois une personne à terre, je ne me demande pas si elle a un képi. Plus je côtoie quelqu'un dans son quotidien et son humanité, moins je parviens à le détester, quand bien même nos positions seraient opposées. Cela ne me rend pas forcément la personne sympathique, ce qui supposerait de partager des sentiments et un lien affectif, mais il me semble que je peux comprendre, sans toutefois les excuser, beaucoup de choses. Cela me met parfois dans des positions délicates, où l'empathie pourrait s'apparenter à de la lâcheté ou à une forme d'irénisme spontané. C'est évidemment plus compliqué.

Il ne m'est pas aisé de transgresser les règles généralement admises, je préfère la discrétion au scandale ; j'aime me sentir appréciée. Je connais de nombreuses personnes que la colère électrise, que le conflit nourrit et que la violence même galvanise. Je n'ai jamais fait partie de celles-ci. Ma dernière bagarre remonte à l'école primaire, j'y avais mis tout mon cœur et récolté un bel œil au beurre noir, mais aujourd'hui je ne sais pas lancer un cri. Et si j'ai un peu pratiqué la boxe et les arts martiaux, cela a toujours été en vue de contrer – et je n'ai jamais été aussi assidue que je l'aurais souhaité. Des quatre émotions primaires, je ne connais que la peur, la tristesse et la joie. La colère m'est étrangère. Je ne crois pas qu'il s'agisse d'un manque de courage, cela ne m'a pas empêchée de me rendre sur des territoires en guerre, ni de me mettre en danger de mille manières. Mais cette absence de colère me prive sans doute parfois de ressorts salutaires, et l'empathie n'est pas gage d'un caractère heureux, c'est une véritable éponge à misère.

5.

Les heures filent sans que je m'en rende compte. À la *guesthouse*, quelqu'un a allumé le ventilateur au-dessus de moi – et seulement celui-là – sans que je m'en aperçoive. Dans mon absence, on veille sur moi.

On me demande parfois comment j'écris. Si j'ai des rituels, un dispositif. Je regrette de dire que je n'ai aucune méthode et fais preuve d'un manque absolu de discipline. Mon temps de maturation est lent. Je ne sais jamais ce qui déclenchera l'écriture, si ce n'est que j'ai besoin de temps devant moi. Un temps long, vide et plat qui s'étire – un répit statique et désert comme un Sahara. Mais une fois que je suis lancée, je m'absente et peux écrire à m'en épuiser. Précisément, au moment où j'écris cette phrase, mon séjour à Pondichéry est en train de se transformer en marathon d'écriture. Il est 14 heures, je n'ai pas bougé de la pension, j'ai la tête qui tourne et je meurs de faim.

L'excitation des premiers jours s'est un peu apaisée. Je ne sors plus courir la ville si tôt levée. J'ai déjà du mal à assimiler tout ce que j'ai emmagasiné en deux semaines. J'éprouve le besoin de laisser mûrir un peu mes impressions avant de me surcharger de nouvelles informations. Je sens bien que chaque nouvelle expérience éclipse la précédente, or je ne veux rien oublier. Plus prosaïquement, la chaleur, dès l'aube, est de plus en plus difficile à supporter. Hier, le temps d'aller acheter des cigarettes et de trouver un distributeur qui accepte ma carte, je suis rentrée trempée de la tête aux pieds.

Le processus d'écriture étant lancé, quand je me déplace sans mon ordinateur je dois m'arrêter tous les dix pas pour griffonner sur un bout de papier des notes que je ne trouve jamais le courage ensuite de mettre au propre tant elles sont dispersées. Désormais, je l'emporte donc avec moi quand je descends prendre mon café dans le patio et, quand la batterie épuisée me lâche, je rentre m'enchaîner à la prise électrique située au pied de mon lit. Je m'oblige tout de même à sortir chaque jour de la pension : mon surmoi craint de ne pas profiter assez. J'aimerais l'étouffer, comment pourrais-je oublier où je suis ? Le bruit à peine assourdi des klaxons provenant de la rue, le ronronnement du ventilateur, l'odeur des tortillons et les rafales métalliques d'une raquette anti-moustiques, cette chaleur humide qui m'assomme et m'enchante dès que je sors fumer, les croassements des corbeaux, mon sujet même d'écriture… Quelle meilleure manière d'en profiter ? Faut-il donc toujours courir d'un monument incontournable à un spot prisé ?

Mon séjour rythmé par les petits gestes du quotidien, deux douches froides et autant de repas, mes emplettes au marché, une course en rickshaw de temps en temps, ma dose de Classic rouge au coin de la rue et le regard désapprobateur de la femme du gérant, mon omelette masala toute raplapla et le Big Banyan red wine en soirée, ce rythme me convient très bien. Je ne veux me sentir obligée de rien. Je n'irai pas à Auroville pour cocher une case, mais quand j'en aurai envie. En attendant, je savoure le luxe et la liberté inouïe d'avoir du temps devant moi. Je mesure ce que représente une journée entière ouverte à l'imprévu, je m'offre de ne pas confondre profiter et rentabiliser, et je me laisse glisser dans le tissu léger d'habitudes qui s'installent. C'est exactement ce que je souhaitais. J'ai dû pour cela faire l'impasse douloureuse sur Jaipur, le Gange, Calcutta, le Kerala et (long soupir de regret) le parc national de Pench où est né Shere Khan, mais je suis confortée dans mon choix par ce qui commence à s'apparenter à une vie de quartier.

Le matin, mon deuxième café est rythmé par les chants haut perchés – plus exactement les cris, souvent – des petites filles de l'école Montessori Saint-Joseph-de-Cluny, juste à côté de la pension. La sortie de l'école à 15 heures crée une pagaille insensée. Notre petite rue ombragée est soudain envahie de gamines survoltées aux cheveux courts, toutes vêtues de la même robe tablier bleue, babillant à qui mieux-mieux, s'éparpillant sur l'ensemble de la chaussée comme une nuée de passereaux et repartant, toutes fières, juchées à l'avant des scooters. Il m'a fallu plusieurs jours pour mettre le doigt dessus mais soudain ça m'est revenu : elles sortent tout droit de *Porco Rosso*, film d'animation dans lequel Hayao Miyazaki, sur fond de montée du fascisme dans l'Italie des années 1920, met en scène une bande d'écolières turbulentes qui font passer un sale moment au gang de pirates de l'air qui les a kidnappées.

Chaque jour, je passe devant une jolie maison blanche à deux étages, me demandant qui y vit, cachée derrière un magnifique frangipanier couvert de fleurs blanches au cœur doré. Plus loin, une mélodieuse cacophonie s'échappe d'une maison légèrement en retrait, cerclée d'un muret vert. Le premier jour, j'ai tourné la tête machinalement vers la porte entrouverte. J'ai aussitôt regretté ce mouvement de curiosité irréfléchi. Le son venait d'une cage remplie à ras-bord de perruches emprisonnées. Je change de trottoir désormais. J'ai aussi appris à éviter le front de mer, de toute évidence un endroit qui attire les touristes indiens, où il faut slalomer entre les selfies et les vendeurs ambulants qui vous refourguent des bracelets en un tour de main.

Et puis, je voyage dans la *guesthouse*. Je change de chambre, de palier et de voisinage au gré du planning de réservations. Sur la terrasse du premier étage, j'ai la compagnie matinale d'une troupe d'écureuils tigrés, qui grimpent butiner les fleurs magenta d'un arbre orchidée. Aux Amériques, celui-ci est utilisé pour attirer les colibris. Ici, ce sont les écureuils de palmier d'Inde *(Funambulus palmarum)* qui papillonnent d'une fleur à l'autre, vifs et craintifs, sniffant leurs prises à la manière d'un bourdon. Leurs sauts de petits funambules déclenchent parfois des pluies de pétales. J'avais déjà noté à quel point tous les chats du monde ont exactement la même façon d'approcher leur museau pour renifler chaque chose par petits à-coups saccadés, sursautant comme s'ils prenaient des décharges électriques, cette manière qu'ils ont de rester en arrêt la patte avant levée, puis de détaler en crabe comme pris de folie, de se jeter à terre comme si leur vie en dépendait avant de venir fureter dans vos chevilles, manquant de vous faire tomber. C'est fou de constater que les grands félins, tigres, lions, pumas, font exactement pareil. Mais je ne savais pas que les écureuils tigrés se grattent aussi l'oreille avec la patte arrière et, quand ils se sentent observés, battent de la queue comme s'ils allaient s'envoler. J'ai passé des heures à les regarder.

Au rez-de chaussée, j'ai eu une jolie chambre rose donnant sur une petite cour d'où j'assistais le matin à l'arrivée des premiers employés venus arroser les plantes et jeter de l'eau sur le sol avant les grandes chaleurs. J'y cohabitais avec un adorable gecko. Malheureusement, la pièce était décorée d'une reproduction de photographie d'ambiance coloniale, sur laquelle un chasseur casqué posait fièrement son pied sur la dépouille d'un bel animal.

J'en suis désormais à ma troisième chambre et c'est la plus spacieuse de toutes, avec – bonheur – deux ventilateurs, dans la chambre *et* dans la salle de bains, et même un bureau. Mais je ne m'y suis pas encore installée. Tant que je supporte la chaleur je suis mieux dehors – une galerie à colonnades, ombreuse et au sol frais, dans laquelle m'attend un fauteuil en osier, un petit chat roux et un cendrier.

Je sais déjà qu'un mois ne sera pas assez.

Je m'engouffre, sans trop réfléchir et avant qu'il ne file, dans cet élan d'écriture que j'espérais tout en refusant de m'en faire une contrainte. L'Inde m'offre l'imprévu, la nouveauté, la stimulation sans doute, que je n'avais plus en France pour pouvoir écrire autre chose que de la fiction. Ce pays est un roman en soi – je peux revenir avec désir à cette réalité-là. J'en suis aussi excitée que prudente, je n'ai aucune idée de ce que cela va donner ni si ça aura le moindre intérêt. Mais je sais déjà que je n'évoquerai ni les Rafale, ni le nucléaire, ni Modi, ces tue-l'amour absolus.

6.

Si les fictions, celles qu'on s'invente, celles que nous souffle notre inconscient comme celles qu'on lit, ont un rôle majeur à jouer dans la fabrique de notre rapport au monde, alors voilà qui plaide pour redoubler d'ardeur quand il s'agit de nourrir soigneusement nos imaginaires. Quand on voit les déferlements de violence et le virilisme qui caractérisent les héros modernes, on ne peut que s'interroger sur le type de rapport au monde que cela crée. C'est la raison pour laquelle la bataille culturelle passe aussi par la création de nouvelles utopies, ni niaises ni naïves, qui puissent donner d'autres matières à rêver qu'un monde dévasté et peuplé de soldats augmentés.

À ce titre, la collaboration d'auteurs de science-fiction avec le ministère des Armées au sein de la Red Team pose question. Recrutés pour imaginer des scénarios de conflits et anticiper le « maintien de l'ordre du futur », ses membres ont planché sur les thèmes de l'énergie et du vivant autour de deux scénarios intitulés « Après la nuit carbonique » et « Une guerre écosystémique ». Il y est question de rationnement énergétique, de *weaponisation* du vivant, d'un *Chernobyl vert* et de plantes génétiquement modifiées. Sur l'image rouge feu qui les illustre, on peut voir des roches escarpées, des arbres calcinés, la ruine d'une maison et un cheval dans le fond. Au premier plan, deux soldats caparaçonnés, casqués, munis de mitraillettes. L'un est affublé d'une paire d'ailes bleues, l'autre d'une fleur d'où jaillit un laser lumineux.

On doit pouvoir faire mieux.

Il est temps de dépoussiérer un certain genre de l'anticipation qui a longtemps reposé sur la toute-puissance, le transhumanisme et la conquête spatiale. Car même si de nombreux films et romans en ont depuis les années 1950 souligné les dangers, nous sommes toujours englués dans ce sillage. Le nucléaire continue d'avoir ses adorateurs, les causes des zoonoses et le désastre écologique d'être ignorés ; les héros sont encore trop souvent testostéronés et la figure du robot n'en finit plus d'alimenter les fantasmes du progrès : Chat GPT, les chiens robots de Boston Dynamics, les drones armés et Elon Musk en sont tous les héritiers.

Nous avons besoin d'autres cadres de pensée dans lesquels évoluer. Nous avons besoin d'*ailleurs culturels* pour sortir de l'ornière et nous dérouter.

Les voyages peuvent être un moyen de se décentrer, mais il existe de moins en moins de lieux qui échappent à l'uniformisation et cela n'est pas généralisable d'un point de vue environnemental. En outre, plus de 80 % de la population mondiale n'a de toute manière pas les moyens de prendre l'avion. On peut aussi plus simplement mettre les mains dans la terre, arpenter la montagne ou se perdre en forêt : cela produit des effets sensibles sur notre rapport au monde, beaucoup plus qu'on ne l'imagine. Mais plus d'une personne sur deux vit désormais en milieu urbanisé et n'y a pas accès. Enfin, on peut aller chercher l'expérience d'une autre vie dans les films ou le métavers, mais là encore, outre que ce décadrage-là est lui-même de plus en plus normé et que les data-centres sont des calamités, un tiers de la population mondiale n'est pas relié à Internet.

Alors la littérature bien sûr. Les romans permettent de voyager, de vibrer, de vivre et de rêver par substitution et d'expérimenter ainsi des situations, actions et émotions que l'on ne pourrait jamais vivre *en vrai*. On pourra m'objecter que 14 % des personnes à travers le monde ne savent pas lire, mais le taux d'alphabétisation ne cesse d'augmenter. Et du moins cette production-là ne nécessite-t-elle pas de technologie bientôt obsolète, pas plus qu'elle ne ruine la démocratie ni les conditions de vie sur Terre, son empreinte restant relativement légère – sauf évidemment si l'impression se fait en Chine.

Enfin, reste le moyen le plus universel, le plus économe et le plus puissant : l'inconscient. Des historiens et sociologues postfreudiens ont prouvé à quel point le rêve était une construction sociale tout autant que privée. Ce qui se joue dans nos esprits la nuit a fort à faire avec l'ambiance au bureau, avec les galères sociales, avec nos terreurs et nos espoirs de vie meilleure. Ce furent des images de train abandonnant le rêveur sur le quai pendant la pandémie. Des fantômes revenant dire ce qui n'avait pu être dévoilé pendant la vie. Des dialogues, des choses à achever qui ne peuvent l'être que dans le silence du sommeil, car c'est une de ses fonctions que de permettre à nos voix intérieures de se frayer un chemin jusqu'à un niveau perceptible. Parce que c'est le seul moment où s'arrête le vacarme et où l'on peut enfin entendre l'inconscient qui toque à la porte depuis des heures ou des années.

L'écriture, comme les songes, permet cet accès à l'inconscient. Je suis souvent étonnée de découvrir, après leur publication, le sens de certaines constructions ou choix dans mes romans que je croyais dus au hasard, à l'imagination, et dont le lien intime m'avait totalement échappé. C'est d'ailleurs un des grands plaisirs des rencontres en librairie ou en médiathèque, que de découvrir que certaines lectrices et lecteurs vous ont percé à jour mieux que vous ne l'avez vous-même fait.

En exergue de *La Sauvagière*, j'ai placé cette citation de Carl Gustav Jung :

> « La série onirique est comparable à une sorte de monologue qui s'accomplirait à l'insu de la conscience. Ce monologue, parfaitement intelligible dans le rêve, sombre dans l'inconscient durant les périodes de veille, mais ne cesse en réalité jamais. Il est vraisemblable que nous rêvons en fait constamment, même en état de veille, mais que la conscience produit un tel vacarme que le rêve ne nous est alors plus perceptible. »

J'avais hésité, craignant qu'elle ne rende trop explicite mon intention d'explorer ce qui se passe dans l'esprit d'une femme réfugiée à l'intérieur d'elle-même, que ce soit par le rêve, la folie ou le coma. Mais ces évocations de rêve permanent, de monologue incessant, de vacarme de la conscience me plaisaient tant, et fonctionnaient si bien avec le roman, que je l'ai finalement conservée.

7.

Nous avons besoin de ces laps de temps durant lesquels l'inconscient peut se faire entendre. Or la qualité et le temps de sommeil déclinent partout dans le monde, du fait des conditions de travail, des temps de trajet, de la misère, du mal-logement et des écrans. Pour l'« économie de l'attention », dans un contexte où l'offre est abondante, l'attention des consommateurs est devenue une ressource rare à capter par n'importe quel moyen. Il n'existe plus de temps disponible ni de vacuité fertile, plus d'*otium* qui permettrait à nos monologues de rester audibles dans la journée. Les sollicitations permanentes nous privent du temps simplement de s'écouter, en plus de la possibilité de s'émerveiller du monde.

Dans ces circonstances, défendre le droit au rêve est aussi un combat social, et l'accès à la lecture devient un enjeu essentiel : celui de nourrir nos imaginaires, de s'affranchir du réel et d'activer nos vies intérieures, doublé d'une des plus belles et efficaces manières de changer de perspective.

Or modifier nos représentations du monde est devenu un impératif. Ne serait-ce que parce que nous avons nous-mêmes modifié ce monde et que les activités humaines sont en train d'en détruire les fondements géophysiques, il n'est plus possible de se le figurer comme par le passé. Les mutations en tout genre s'accélèrent à un rythme monstrueux. Qu'il s'agisse de la teneur des débats politiques, du pouvoir des algorithmes, du rôle des institutions dans la démocratie, du dérèglement climatique ou de l'ardente nécessité de réduire la production, le monde tel que nous le connaissions est en train de changer de bases. Singulièrement, la place de l'humain dans les écosystèmes, non plus comme maître et possesseur, mais comme faisant partie de cette nature dont il a prétendu s'extraire, est une inflexion majeure.

Ce tournant ontologique qui revisite les frontières entre *culture* et *nature*, entre *animé* et *inanimé*, entre *sujet* et *objet*, offre sans doute un de ses plus beaux défis à la littérature. Quand l'anthropologue Philippe Descola écrit dans *Ethnographies des mondes à venir* : « un sujet politique est un brouilleur de frontières qui, par sa situation ou son action, recompose les mondes », il évoque « un milieu de vie, un glacier ou une ZAD ». Moi je pense instantanément à un roman. Car qu'est-ce qu'un roman, si ce n'est un milieu de vie ?

Cela m'a frappée à la lecture et je ne cesse d'y songer depuis. La fiction aussi peut se faire *brouilleur de frontières* et offrir un précieux *moment perspectiviste*. Comme l'écrit plus loin son coauteur Alessandro Pignocchi, « la faculté de se projeter dans la peau de l'autre est au moins aussi utile que l'argumentation rationnelle objectivante ». Or si « le chamane est capable de se projeter tout entier dans le corps de l'autre », n'est-ce pas également la qualité première de toute romancière ? Se glisser dans la peau d'un personnage, trouver son langage et envisager son point de vue, comprendre ses motivations et adopter sa perspective : nous ne faisons rien d'autre.

Par l'imagination qu'il déploie et la projection qu'il facilite en tendant à la lectrice ou au lecteur des figures, des histoires et des émotions à saisir et faire siennes, le roman est bien une voie majeure pour « se représenter le monde tel que composé par l'autre ». Et ce, d'autant plus qu'en fiction tout est possible : se mettre dans la tête d'un ours, voler ou respirer sous l'eau, faire parler une montagne, ressentir l'émotion d'un ruisseau et même faire advenir ce qui n'a pas encore paru. Autrices et auteurs peuvent choisir de s'y affranchir des contraintes du réel et des codes sociaux, y bousculer les normes communément admises, exorciser de vieux passifs et expérimenter des choses impossibles dans la vie éveillée.

Cette émancipation du réel et ce léger toucher de l'inconscient qu'offre le roman procurent, quand on y parvient, un plaisir jubilatoire. Contrairement au récit ou à l'autofiction, qui eux fouillent le réel à la recherche de l'inconscient, contrairement à l'essai qui impose une rectitude de la pensée, écrire un roman vous donne alors l'impression de gambader joyeusement dans la prairie de l'incroyable-liberté-de-la-fiction. Après avoir abandonné ce terrain pendant vingt ans, l'autrice Arundhati Roy dira à la sortie de son deuxième roman, *Le Ministère du Bonheur suprême* :

> « Pour moi, la non-fiction est toujours une intervention dans une situation bloquée, c'est une argumentation. Alors que la fiction est la construction d'un univers. »

Construire d'autres univers… Je ne peux imaginer plus réjouissant.

8.

Je dois à Mona Chollet cette jolie trouvaille de l'académicienne Chantal Thomas : « Le petit toit que forment les livres lorsqu'on les entrouvre, tranche tournée vers le ciel, est le plus sûr des abris. » Il me semble depuis longtemps que ces deux domaines, la littérature et l'abri, sont étroitement intriqués.

Ouvrir un roman est avant tout un recueillement, au sens littéral : comme dans un abri, on s'y absente du monde extérieur pour se replier sur ses propres impressions. La lecture est un retrait, une expérience enveloppante et solitaire, parfois perturbante, qui vient toucher à ce que l'on est : lorsqu'on entre dans un livre, fût-ce pour s'évader, on y emmène cette part de soi-même qu'il est impossible de laisser sur le palier – ses élans, ses dégoûts, ses traumatismes et ses envies, son passé. Sans quoi il n'y aurait pas d'avis aussi divergents, émanant de personnes si proches pourtant, sur des films ou des romans.

En fiction, c'est avant tout sa sensibilité qu'on investit, davantage que son esprit critique ou son intellect analytique, et l'alchimie qu'on espère toujours voir opérer entre la sensibilité écrivante et celle qui la reçoit dépend fortement de l'état d'esprit de la personne, de ce qu'elle traverse, de sa trajectoire de vie, de ce qui compose, à cet instant précis, ses préoccupations et ses joies. C'est pourquoi un livre qui vous a laissée totalement indifférente dix ans auparavant peut vous toucher profondément à une autre période de votre vie.

Il y a ainsi des livres, étudiés au collège, qu'il faudrait relire adulte. Parce qu'on ne les reçoit pas avec le même esprit, lesté cette fois d'un parcours fait d'expériences multiples et d'une autre maturité.

Le Lion, de Joseph Kessel, fait partie de ces romans-là. Je l'ai relu bien après le lycée et me suis même étonnée qu'on le fasse lire à des enfants. Ce livre est bourré de tensions sexuelles, de violence, de trouble à la limite de l'acceptable, d'une animalité sourde et inquiétante. C'est sans doute une grande qualité pour un roman que de pouvoir offrir des niveaux de lecture si différents. Je préfère d'ailleurs cette ambivalence à l'exercice qui consiste à proposer une version jeunesse expurgée comme l'a fait Michel Tournier avec son Robinson. *Vendredi ou les limbes du Pacifique* est un chef-d'œuvre. Son adaptation jeunesse, *Vendredi ou la vie sauvage*, n'en est qu'une version censurée des moments où Robinson, allongé sur le ventre, creuse la terre de son sexe pour y répandre sa semence.

9.

Si se raconter des histoires est le propre de l'espèce humaine, le besoin d'un recoin où nicher, lui, nous ramène à notre animalité. Tout comme l'envie d'hiberner qui nous saisit par temps froids ou la manière archaïque dont nos poils, munis chacun d'un muscle minuscule, se dressent encore pour isoler la peau. Nos canines et nos ongles, le cri rauque d'une femme en train de mettre au monde, nos organes et notre rythme biologique devraient nous le rappeler : nous sommes aussi des mammifères.

Dominique Fortier, dans son merveilleux livre sur Emily Dickinson, *Les Villes de papier*, me permet d'étendre l'analogie animale aux espaces aériens avec ce petit bijou d'extrait dans lequel les filles s'interrogent mutuellement :

> « Comment appelle-t-on un groupe de faisans ? demande Anna.
>
> — Un bouquet, répond Isobel. Un groupe d'étourneaux ?
>
> — Un murmure.
>
> — De flamants ?
>
> — Une flamboyance de flamants. De hiboux ?
>
> Isobel hésite. Sans lever les yeux de son livre, Emily répond à sa place :
>
> — On dit un parlement de hiboux.
>
> — Très bien. Plus difficile alors. Comment appelle-t-on un groupe d'alouettes ?
>
> — Une exaltation.
>
> — Et de papillons ?
>
> — Un kaléidoscope de papillons.
>
> Elle les observe, tailles fines, tabliers blancs, cheveux attachés, non pareilles et pourtant mystérieusement semblables dans leur jeunesse. Et pour nommer un groupe d'élèves de séminaire, un soir d'hiver, comment dit-on ?
>
> Elles sont tout cela à la fois, bien sûr : exaltation, parlement, flamboyance, kaléidoscope, murmure. »

Si beaucoup d'animaux vivent en groupe pour augmenter leurs chances de survie, il existe de nombreuses exceptions ; le jaguar, la loutre, le panda géant, le chat forestier, la baleine bleue et l'orang-outan, pour ne citer qu'eux, sont des êtres solitaires. Et même les meutes et les hardes connaissent leur *mavericks*, des individus blessés ou malades qui se désolidarisent du groupe et vont s'isoler et se cacher – non pour mourir, comme on l'entend souvent, mais pour tenter de survivre dans un buisson ou une anfractuosité.

Le Centre national de ressources textuelles et lexicales du CNRS, que je ne remercierai jamais assez, définit le terrier comme un « abri, gîte que certains animaux creusent dans le sol », mais aussi comme un « lieu retiré, retraite, refuge ». C'est dans ce même dictionnaire que j'avais découvert en 2022 le terme de *sauvagière*, un hapax, c'est-à-dire un terme dont il n'existait alors qu'une seule occurrence dans l'ensemble du corpus littéraire. À partir de cette unique apparition dans un roman empli de saisonnalités agricoles d'Henri Bosco, *Le Mas Théotime*, paru en 1945, une sauvagière a été définie comme un lieu où l'on se retire pour se mettre à l'abri de tout contact humain. Même les adeptes les plus acharnés des luttes collectives en ont parfois besoin, ne serait-ce que pour prendre du recul, du repos, s'écouter dans le silence et regarder le monde de plus loin. De mes nombreuses lectures du confinement m'est restée une phrase de Sandra Lucbert à propos du *Decameron*, recueil de nouvelles de l'Italien Boccace au XIVe siècle. Elle y évoque

> « le liminaire qui est peut-être le vrai lieu de la littérature – cet en-dehors qui est à la limite de l'au-dedans. Le liminaire : une maison retirée qui n'est pas

faite pour se retirer du monde – mais pour l'examiner depuis ses confins ».

Un terrier donc, et de la fiction : nous avons toutes et tous besoin d'une cabane à soi, dont la charpente serait faite de récits et de bois. Dans l'album jeunesse *Ma vallée*, que j'ai beaucoup lu à voix haute il y a des années, Claude Ponti imagine un arbre-maison. Tout en haut, au niveau de la canopée, il y a placé une bibliothèque attenante à la chambre des étoiles. Peut-être y a-t-il là un espace où il devient possible de retisser l'humain à l'ensemble du vivant. Ce lien est critique, on le sait. Partout dans le monde, on vit de plus en plus loin des campagnes et des forêts. En France, la zone naturelle la plus proche se situe en moyenne à 16 kilomètres de chez soi. Et la représentation de la nature elle aussi s'éloigne, des films et des livres pour enfants notamment. Les termes liés à la nature dans les romans, les paroles de chanson et les films déclinent depuis 1950 ; la plupart des auteurs vivent eux-mêmes en ville.

Je l'ai souvent dit et écrit, on ne défend pourtant bien que ce qu'on a appris à aimer. Ce qu'on côtoie, ce qu'on habite, ce à quoi on s'attache et se lie. Avec cet éloignement croissant, que deviendront la perception, l'affect lié au vivant, au sauvage, aux espaces encore préservés ? Que devient, déjà, l'imaginaire commun ? Plus que jamais je suis convaincue qu'il nous faut redoubler de créations empreintes de ces tendresses qu'on éprouve pour d'autres que soi, et offrir des fictions tissées de rêves d'humanité et d'animalité mêlées en joie.

10.

Une fourmi me marche dans l'oreille pendant que je me relis. C'est à peine si je lui en veux.

Malgré ces perturbations sournoises, je reste concentrée. Je suis souvent moquée chez moi par la capacité que j'ai de ne rien entendre quand je suis occupée à lire ou à écrire. Parfois même juste à réfléchir. La maison pourrait s'effondrer ; je ne cesse de faire répéter des informations qui m'ont déjà été données. Cette capacité à s'extraire et à s'isoler est un luxe, quand on songe à la promiscuité qui est le lot de tant de personnes dans le monde.

Je suis toujours étonnée par le comportement grégaire de ces individus qui viennent précisément s'installer juste à côté, se coller à vous quand il y a pourtant de la place partout, qui ne partent qu'en voyage organisé et n'aiment rien tant que côtoyer d'autres épaules. Je dois avouer que je ne pourrai jamais vivre en habitat collectif – exception faite peut-être d'une maison fleurie de vieilles babayagas, un jour. J'ai le souvenir d'avoir dû m'enfermer dans les toilettes, lors de campagnes électorales, pour échapper ne serait-ce qu'un instant aux sollicitations et *me* rassembler.

Mon amie Marie m'a écrit hier, en réponse à une missive collective envoyée à mes proches :

> « Ta "lettre" est arrivée alors même que j'étais plongée dans *Villa Amalia* de Pascal Quignard, et qu'à chacune de ses lignes ou presque, je pensais à toi, je ne sais pourquoi, sans doute parce que c'est un

magnifique portrait de femme, qu'il y est question non de renoncement mais de désir de vivre, autrement, ailleurs et en soi, de trouver un lieu où se relier et d'être capable d'abandon pour se redéfinir. »

Trouver un lieu où se relier et être capable d'abandon pour se redéfinir... La justesse de ces mots, adressés au bon moment et reçus au bon endroit.

J'ai mis mes affaires en ordre et prévenu tout le monde avant de partir que je ne serais pas disponible pendant un mois. Cela m'autorise à ne pas répondre dans l'instant, à temporiser, ignorer, ne pas commenter, en un mot : à m'absenter – ce fantasme d'évaporation dont est née *La Sauvagière.* Au bout de quelques jours à la pension, je me suis arrangée pour avoir une bouilloire et de quoi me faire un café avant de descendre retrouver le monde. J'ai fondamentalement besoin de ces sas de sécurité et d'intimité ; la solitude volontaire ne m'a jamais autant effrayée que la compagnie forcée de mes congénères. Parmi tout ce qui me heurte dans le sort des prisonniers, la cohabitation forcée est certainement ce qui me fait le plus frémir. Quand mon fils était en maternelle à Paris, certains de ses copains, entassés dans de minuscules appartements, devaient se relayer et faire les trois-huit pour dormir. Je ne l'ai jamais oublié.

La plupart des voyageurs qui s'expriment sur leurs périples semblent tous trouver incontournable de « se mêler à la population ». De ce que j'observe, ils aiment surtout deviser avec d'autres touristes des lieux à visiter *absolument*, de leurs problèmes de diarrhée et du montant d'un pourboire minimal décent. Je reconnais ne pas être très conciliante. Cela ne m'a jamais dérangé de rester un mois sans parler. Pour ce qui est de capter ce qui se passe autour de moi, il me semble que j'apprends plus à déambuler les sens aux aguets qu'à baragouiner trois mots approximatifs ou à me faire traduire des phrases mal interprétées. Je fais mon miel d'un comptoir d'échoppe à thé, parfois d'un rebord de trottoir, d'une échappée en rickshaw ou à pied, pour peu que me soit donné le temps nécessaire pour sortir de l'ahurissement et d'installer des repères.

Rester dans un lieu, c'est se permettre de découvrir des motifs récurrents dans le mouvement apparemment désordonné des rues. C'est apprendre à discerner la misère des sans-abri du renoncement des *sadhus*. C'est se laisser la possibilité de recroiser des personnes et d'avoir le plaisir de se saluer sans se connaître. C'est prendre le temps de comparer les gestes de préparation des thés brûlants à la crème de lait et repérer où l'on en sert des plus ou moins sucrés. C'est le délice de l'habitude qui s'installe dès la deuxième fois que l'on s'accoude à un endroit. Il y a là de quoi occuper largement un mois sans parler. D'autant que je passe mon temps à discuter avec ma petite voix intérieure et à formuler des phrases dans ma tête. Surtout quand j'écris. Je m'en épuise moi-même. Et à travers mes lectures, je suis déjà la confidente de mille peines de cœur, petits accidents et grands drames de la vie. Je ne devrais sans doute pas l'avouer, mais en réalité cela me suffit – au moins pour un temps. Un mois ne sera pas venu à bout de mon désir de silence et d'isolement. Cela n'aura pas suffi à épuiser ce nouvel élan dont me gratifie l'Inde. Un élan que je n'avais pas prévu. Je savais pourtant que ce n'est qu'en interrompant le cours du quotidien qu'on parvient réellement à démuseler sa pensée.

J'ai découvert les travaux de l'anthropologue Nastassja Martin en mai 2019, lors d'un cycle de rencontres à la Maison de la grève à Rennes au titre précurseur : « Les soulèvements de la Terre ». C'était avant la publication de son éblouissant *Croire aux fauves*. Dans le petit livret qu'elle avait apporté, trois mots m'ont marquée, plus encore que la rencontre avec l'ours : *rêver plus loin*.

> « Neuf ans que je travaille chez ceux qui "partent rêver plus loin", comme dit Clarence en pays gwich'in de l'autre côté du rideau de glace en Alaska. "Que fais-tu, avec ta tente sur tes épaules ?", demandais-je à Clarence il y a cinq ans lorsqu'il s'éloignait subrepticement, hors de son village, vers la forêt. "Je n'entends rien ici. Je ne vois rien non plus. Trop de bavardages, trop de confort, trop de famille et pas assez d'autres. Je sors rêver plus loin." »

Quelques années plus tard, cette fois en pays évène au Kamtchatka, son hôte Daria confirmait :

> « "C'est que pour rêver il faut être déplacé", constate-t-elle un soir. "C'est pour ça que je ne

reste jamais trop longtemps à Tvaïan : il faut se séparer de la famille et de la maison pour voir les choses la nuit. Forcément toi, tu es si loin de chez toi. Pas étonnant que tu voies autant de choses." »

Une amie de cette époque m'a récemment envoyé, après avoir lu *La Sauvagière*, la référence d'un passage de Deleuze qui évoque la souille de Robinson. Issue de la version de Michel Tournier, cette souille n'en finit plus de virevolter dans mes romans. Le passage en question figure à la fin de *Logique du sens*, m'écrit-elle, il est intitulé *Michel Tournier et le monde sans autrui* : « C'est un très beau texte, qui évoque le bouc-cerf-volant, le bain dans la grotte-souille avec les pécaris ; et il parle de la solitude comme une expérience altérée du monde, auquel on se cogne, et de autrui comme "l'existence du possible enveloppé". » Qu'ai-je fait pour mériter des amies aussi inouïes ?

II.

Je lis qu'en ville, de plus en plus de personnes précaires trouvent asile l'hiver dans des bibliothèques de quartier, rares espaces dont l'entrée est gratuite et où on ne vous demande pas vos papiers. Des lieux où l'on peut rester au chaud, accéder à une prise ou somnoler sans obligation de consommer. Car c'est bien joli de parler de sensibilité, d'extase littéraire et de cabanes fantasmées, mais plus de quatre millions de personnes sont mal logées en France. Le nombre de personnes sans domicile a doublé en dix ans. Elles sont 330 000 aujourd'hui à n'avoir ni terrier ni abri, hors quelques établissements publics faisant encore preuve d'humanité. Dans cette désolation, je trouve émouvante l'idée de la bibliothèque comme refuge. Que les personnes accueillies y lisent ou non, le livre porte en lui une longue tradition de secours et de droit à l'évasion.

L'accès à la lecture fait d'ailleurs partie des revendications historiques du milieu carcéral. J'en ai découvert une figure majeure, Serge Livrozet, dans le film que lui a consacré Nicolas Drolc, *La Mort se mérite*. On y apprend que le cambrioleur anarchiste, qui avait choisi de prendre l'argent là où il y en avait trop, s'était débrouillé pour faire entrer les *Difficultés de la langue française* en contrebande dans l'enceinte des Baumettes. Je ne me lasse pas de cette anecdote plaisamment improbable.

Il reste quantité de droits à conquérir en prison, et ce combat pour la lecture pourrait sembler secondaire. Il est pourtant tout sauf accessoire. Parce que la lecture est un moyen, éphémère mais à portée de main, de lutter contre l'enfermement et l'isolement, dehors comme dedans.

Dans *Le Vagabond des étoiles*, Jack London permet ainsi à son personnage, sanglé dans une camisole jusqu'à l'étouffement et soumis à la brutalité crasse de ses geôliers, de s'évader intérieurement, par la seule force du mental. Romain Gary, dans *Les Racines du ciel*, raconte quant à lui comment les codétenus d'un camp iront jusqu'à créer de toutes pièces un personnage fictif, Mademoiselle, dont la présence imaginaire, en acquérant la consistance du réel, les conduira à prendre soin de leur hygiène et à surveiller leurs manières. Mademoiselle, par sa seule évocation, leur rend leur dignité.

> « Vous allez essayer de vous conduire devant elle comme si vous étiez des hommes. Je dis bien "comme si" – c'est la seule chose qui compte. Vous allez me faire un sacré effort de propreté et de dignité, sans ça, je cogne. Elle ne tiendrait pas un jour dans cette atmosphère puante [...].
>
> Il y eut quelques rires rauques, mais tous nous ressentions confusément qu'au point où nous en étions, s'il n'y avait pas une convention de dignité quelconque pour nous soutenir, si on ne s'accrochait pas à une fiction, à un mythe, il ne restait plus qu'à se laisser aller, à se soumettre à n'importe quoi et même à collaborer. »

Aux Baumettes, dans l'enceinte même où Serge Livrozet faisait passer clandestinement son dictionnaire, René Frégni a animé des ateliers d'écriture pendant plus de vingt ans. Enfant, il ne lisait pas ; seule la voix de sa mère lui racontait des histoires. Plus tard, accusé d'avoir voulu déserter, il est incarcéré en prison militaire. Là, un de ses codétenus, objecteur de conscience et professeur de philosophie, va lui ouvrir la porte des mots :

> « Jamais je ne voyageai si loin que dans ces sept mètres carrés. Jusqu'à ce que mes yeux saignent de fatigue, à force de scruter dans la demi-pénombre

les caractères d'imprimerie, je dévorai tout ce qui me tombait sous la main. Pendant six mois mon cachot fut peuplé d'amis imaginaires, d'aventuriers, de femmes éblouissantes, de paquebots quittant des ports aux quatre coins des océans, d'îles fabuleuses. Et chaque soir, avant que la lumière ne s'éteigne au plafond, une ampoule nue protégée par un treillis métallique, j'écrivais un petit poème bourré d'émotion, de naïveté et de fautes d'orthographe. »

Il faut lire René Frégni sur Marseille, la prison, le monde qui dévisse et le recours désespéré au beau. Dans ses *Carnets de prison ou l'oubli des rivières,* on croise des cellules qui s'entrouvrent, des bords de rivières, de l'amour, des livres face aux ghettos. Et ce cri : « Ils ont ouvert le feu mais un livre, jamais ! »

Le livre est un refuge, un puits intarissable de lignes de fuite et d'imaginaires. Quand le monde devient trop dur, ouvrir un roman c'est échapper au temps, au lieu, aux petits tracas et grands malheurs du présent. C'est l'arme ultime contre la solitude. Dans ces quelques grammes de papier, il y a toujours un personnage pour vous accompagner et distraire vos pensées. Avec un livre, on n'est jamais seul.

Victor Hugo écrivait en 1853, après la visite d'un bagne :

> « Chaque enfant qu'on enseigne est un homme qu'on gagne. Quatre-vingt-dix voleurs sur cent qui sont au bagne ne sont jamais allés à l'école une fois et ne savent pas lire, et signent d'une croix. »

Apprendre le pouvoir des mots et le plaisir de la lecture est sans doute le plus beau cadeau, la plus grande assurance de réconfort qu'on puisse offrir à un enfant.

12.

La littérature n'a donc rien d'accessoire. Pas plus que ne l'est la poésie, comme je l'ai déjà tant écrit. J'entends que pour certains cela puisse s'apparenter à un souci bourgeois d'en appeler à l'esthétique, à la culture ou à de nouveaux récits quand le monde semble sombrer de toutes parts. Je partage que ceux-ci ne pourront rien accomplir de majeur s'ils ne sont pas fermement appuyés aux deux autres leviers de transformation sociale que sont la résistance et la préfiguration d'alternatives. Mais ils sont indispensables. Comme le deviennent d'innombrables gestes longtemps considérés comme insignifiants, voire contre-révolutionnaires.

La grande Rosa Luxemburg n'exprime rien d'autre quand elle écrit :

> « Lorsque le monde entier va dans le mur, je ne cherche qu'à comprendre ce qui se passe et pourquoi, et du moment que j'ai fait mon devoir, je retrouve mon calme et ma bonne humeur. *Ultra posse nemo obligatur* (À l'impossible nul n'est tenu). »

Il s'agit d'être *bon*, tout simplement. Ou pour le formuler autrement, par cette expression qui me revient constamment à l'esprit depuis un moment, de *faire de son mieux*.

Selon les stoïciens, un sage devait être émotionnellement résistant au malheur. C'est le *calme stoïcien* qu'Épictète énonçait ainsi : « Disposer au mieux de ce qui dépend de nous, et user des autres choses comme elles sont. » Je me demande souvent ce que cela donnerait, appliqué au milieu militant. Je crois que nous aurions à y gagner. Non en résignation, car il ne s'agit pas de se satisfaire de l'ordre des choses qui nous échappent, et je crois sincèrement que nombre de batailles déjà perdues valent d'être poursuivies au nom de l'éthique et de la dignité du présent, simplement parce qu'elles sont justes à mener. Mais cela nous permettrait sans doute collectivement, en distinguant ce sur quoi on a prise de ce qu'on ne maîtrise pas, d'orienter nos efforts avec davantage de finesse stratégique : en se mobilisant pour préserver et empêcher ce qui peut encore l'être, et en s'organisant pour anticiper et gérer l'inévitable dès maintenant.

Ce stoïcisme militant permettrait peut-être aussi de retrouver un peu de raison. Les sentiments de déprise et d'impuissance face à des objectifs inatteignables, la frustration qui naît de l'échec et la déception sont rarement féconds. Ils génèrent de l'épuisement et de l'apathie, entraînent la confusion entre indignation et action, et poussent à compenser le manque de maîtrise par un surcroît d'agitation; *in fine* ils se payent d'illusions. Donner son opinion sur tout et n'importe quoi, dispenser les bons points à coups de menton ou se complaire dans la déploration, tout cela ne change pas le monde – cela l'enlaidit juste un peu davantage. Pour ma part, je m'exerce – avec un succès modeste jusqu'à présent – à suivre cette recommandation de Rosa Luxemburg :

> « Il faut travailler et faire ce que l'on peut, et pour le reste, tout prendre avec légèreté et bonne humeur. On ne se rend pas la vie meilleure en étant amer. »

Cela peut paraître paradoxal, mais je crois sincèrement qu'à mesure que l'urgence et la gravité climatique, environnementale, sociale et démocratique prennent de l'ampleur, il n'y a plus rien de dérisoire. Tout acte semble vain au regard des enjeux et, pourtant, plus ceux-ci grandissent, plus chaque geste importe. Chaque minute d'attention, chaque sourire, chaque geste de solidarité, chaque hectare, chaque insecte, chaque arbre, chaque miette, chaque sabotage, chaque dixième de degré. Pour la dignité du présent, mais aussi parce que l'infime reprend de la puissance quand tout dévisse si massivement.

En ouvrant des cartons d'archives chez mon père, j'ai trouvé une édition de 1968 des *Lettres de prison* de Rosa publiées aux éditions Bélibaste. À la fin du recueil figure une lettre anonyme adressée à Rosa des années après sa mort. Je n'en ai trouvé nulle trace ailleurs. Je l'ai retranscrite et placée en annexe de ce texte afin de pouvoir la partager largement, tant elle me semble juste, belle et d'actualité. J'aurais profondément aimé l'écrire.

« Nous avons besoin de vous. Nous avons besoin de savoir que les idéologies ne sont en fin de compte que des armes qu'il faudra jeter par-dessus bord une fois le but atteint. Nous combattons pour la beauté des arbres, l'odeur du vent, la chaleur d'un regard et la couleur du ciel. Nous sommes des fanatiques du bonheur, c'est ce que me disent vos lettres. Et il me semble qu'avant de les lire, je n'avais jamais entendu parler de la Révolution. Oui, nous avons besoin de vous, surtout maintenant que les brumes de la nuit semblent se déchirer un peu partout. »

En pleine guerre mondiale et sans rien abdiquer de ses combats, Rosa inspecte ses bourgeons chaque jour, herborise au printemps, converse avec des mésanges et des pigeons. Elle prend soin d'une coccinelle gelée, observe les nuages qui rosissent le soir, lit elle aussi *Anna Karénine* avec délectation et, « imbue du sentiment de [son] infime petitesse », se sent « ineffablement heureuse ». Face aux pires tempêtes, Rosa prône la tranquillité, l'équilibre intellectuel, le droit à la beauté. Depuis sa cellule de prison en 1917, elle écrit :

« Plus l'infamie et la monstruosité de ce qui arrive chaque jour passent toute limite et toute mesure, et plus je me sens tranquille et ferme. Je suis d'avis que l'on doit tout simplement, sans vouloir être trop maligne ni se casser la tête, mener la vie que l'on tient pour juste, sans exiger d'être payée sur l'instant en espèces sonnantes pour tout ce qu'on fait. »

Rosa sait comme personne neutraliser avec une grâce désarmante cette interrogation qui me taraude régulièrement : à quel moment et pourquoi diable la radicalité est-elle devenue synonyme d'austérité et de rudesse, le romantisme et la contemplation signes de faiblesse ? Quand et comment avons-nous été vaincus par « cette étrange maladie qui rend la joie suspecte et l'amour condamnable », comme la décrit cette lettre ? Rosa, elle, n'en a pas été affectée. Elle a su résister aux passions tristes, à la peur et à la haine, au mensonge et à la violence qui se prennent pour la révolution. Militante au-delà de tout soupçon, elle a écrit sans fard, depuis ses lieux d'incarcération, son amour des paysages, des animaux et des fleurs. Comme Emma Goldman qui exigeait de pouvoir danser à la révolution, Rosa nous autorise à éprouver des joies singulières même au milieu des décombres de la guerre. Elle nous rappelle en murmurant qu'on peut s'émerveiller du monde tout en s'en inquiétant.

Grâce à elle, au regard extasié de Victor Hugo face à un lever de Soleil sur la Lune, à Romain Gary et sa Mademoiselle – qui songerait à s'en moquer ? –, on peut défendre le droit au rêve, à la gentillesse et à la beauté sans avoir à s'excuser, et ce faisant s'affranchir des pulsions virilistes, du radicalisme rigide et des visions utilitaristes des petits soldats de la politique. Face à la douleur du monde, face à ce système qui oppresse, détruit, tourmente les chairs et les esprits, les encombre d'angoisse et de mélancolie, il faut se munir d'aménité, faire assaut d'imagination et d'élégance. Aucune de ces qualités n'handicape nos chances.

Est-ce un effet de l'âge, ou de l'expérience, qui lasse des querelles et des entourages toxiques, repus de conflits, pour chercher la douceur ? Je n'ai jamais eu autant envie de bonté et de délicatesse. Prôner la gentillesse, ce n'est pas s'aveugler sur la violence qui nous entoure, mais au contraire la reconnaître pour ce qu'elle est, une monstruosité, et refuser de s'y laisser entraîner. J'y vois une manière de résister au courant boueux qui charrie le cynisme généralisé, l'anathème débridé et l'apologie du dur-à-cuire. La gentillesse, tissée de l'exigence de ne sombrer ni dans la mièvrerie ni dans l'irénisme, se situe tellement à contre-courant des tendances du moment qu'elle en devient presque subversive. C'est sans doute une des raisons de l'essor des perspectives écoféministes, qui ménagent une place rarement éprouvée dans les milieux radicaux au soin, à l'attention et à la joie.

Au détour des livres, on croise parfois des phrases, des formulations qui marquent et qui restent. Un passage du livre *À quoi bon la révolution si je ne peux danser* d'Ece Temelkuran m'accompagne ainsi depuis des années. J'y reviens sans cesse.

> « Les ignorants sont ignorants parce qu'ils croient avoir fait un choix intelligent entre l'utile et le beau. Or, tu dois être comme moi, étranger : même en pleine guerre, je peux voir les myosotis cachés parmi les herbes folles.
>
> Ne chassons pas la beauté de la surface de la terre. Que nos pas épargnent les fourmilières.

> J'élève des filles, étranger. Comme des arbres de Judée. Je leur recommande de se tenir à l'écart des hommes incapables d'apprécier les myosotis et les arbres de Judée. Je leur apprends à chanter, à écrire de la poésie, à cuisiner avec les fleurs, et à savoir rester gracieuses comme des déesses en maniant l'épée. Étranger, je leur apprends à être fortes. »

Je crois en une *force* qui serait précisément de la combinaison de ces trois qualités : discernement, grâce et combativité.

La militante Leyla Güven, comme Rosa, possède cette force-là. Condamnée par le régime turc à vingt-deux ans de prison, elle n'a pas pu assister au mariage de son fils ; elle a raté la naissance de son petit-fils. Elle témoigne dans la revue *Ballast* à quel point lui manque « de marcher sur la terre, de regarder le ciel sans limites, de marcher sous les arbres, de toucher une feuille » mais elle écrit aussi avec « calme, générosité, et un petit sourire aux lèvres » comme le conseillait Rosa :

> « Malgré les murs incolores entourés de grillages, nous allons bien. Nous sommes de bonne humeur. Nous lisons beaucoup, ce qui nous permet de voyager à travers le monde. […] Nous peignons sur des feuilles de papier A4 avec du café puis brodons par-dessus. Avec les noyaux d'olive, nous fabriquons des bijoux. Nous tressons de magnifiques bracelets avec des fils colorés. Nous chantons dans une "langue inconnue" – c'est-à-dire en kurde ! – et dansons le *halay*. Parfois,

alors que nous marchons dans la travée principale, nous "mettons nos mains dans nos poches" et faisons enrager le garde. »

Elle conclut, avec une classe prodigieuse :

« Nous continuerons notre chemin, les mains dans les poches, sans jamais accepter la censure et en riant autant qu'il nous plaira. »

13.

Aller les mains dans les poches est interdit dans la plupart des systèmes carcéraux. Ça l'est également dans les systèmes patriarcaux. Sandrine Tolotti, dans son enquête « Au bonheur des poches », rappelle que dès la fin du XVIe siècle, en Europe, on place des poches sur le costume des hommes, mais pas sur les vêtements féminins. Les femmes se confectionnent alors des poches cousues en forme de poire, fendues en leur milieu, qu'elles accrochent à l'aide d'un cordon noué à leur taille. C'est une révolution. À une époque où les femmes n'ont pas de droit légal à la propriété, elles y gagnent en liberté de mouvement, en sociabilité, et y trouvent une relative autonomie. Ces poches leur permettent d'aller et venir munies de sous, de provisions, de matériel de couture ou d'un livre – et leur permettent aussi parfois de pallier la nécessité en chapardant.

Mais au fil du temps, avec le diktat des silhouettes longilignes et la mode des vêtements ajustés, le sac à main a détrôné les poches jugées disgracieuses, sans pour autant jamais les remplacer. Car la poche est un espace miniature et secret que l'on peut emporter partout avec soi, dissimulé aux regards, inviolé et plus intime qu'un sac à main. Cette fonction *terrier* de la poche en fait une source d'émancipation et une alliée, tant il est vrai qu'avoir les mains libres et les épaules dégagées de toute entrave vous donnent le sentiment de vous mouvoir plus librement, avec une infinie légèreté. Las, il faut toujours batailler pour avoir des poches dignes de ce nom. Sur 80 jeans de différentes marques, celles des modèles féminins sont encore en moyenne deux fois plus petites que celles des hommes, et moins de la moitié permet d'y glisser sa main.

Dans l'émission « La poche, une liberté sous la robe », on découvre une poupée ancienne qui cache sous son jupon une de ces poches amovibles, délicatement brodée d'une rose. C'est sans doute, avec le regain de la broderie contemporaine, la découverte de ces poches fleuries et vagabondes qui a fini par me décider à me munir d'une machine à coudre et d'un cercle à broder. Depuis quelque temps, j'archive des images de motifs surprenants et décalés. Je suis charmée de voir l'imaginaire autour de cette pratique enfin dépoussiéré. Qu'il s'agisse de créations artistiques, militantes ou symbolistes, de photographies brodées ou de paysages, je trouve dans ces représentations essentiellement figuratives à la fois une esthétique de la précision, la joie des couleurs vives et le plaisir enfantin des miniatures.

En reproduisant le réel à petite échelle, les figurines d'animaux, les maisons de poupée ou les circuits de trains procurent aussi ce sentiment d'avoir tout un univers à portée de main. Un autre monde dans lequel on peut s'immerger, une source d'histoires infinie en modèle réduit où s'inventer des récits. Présider à la destinée des figurines, les déplacer, les ligoter sur les rails, les parer en princesses ou les vautrer sur un sofa : on y possède le pouvoir d'agencer, d'impacter le réel, de le *saisir* à sa guise. Entre le pouce et l'index se jouent des déraillements, des couples et des exils.

La fameuse dînette avec ses couverts microscopiques et ses théières ourlées d'un filet doré, les arbres de quelques centimètres auxquels il ne manque pas une feuille, la casquette du postier, les bancs sur le quai et jusqu'à la présence de logos officiels sur des uniformes ou des véhicules : on apprécie d'autant plus ces scènes qu'elles sont minutieuses. Comme lors de la constitution d'un univers fictionnel, c'est le souci du détail qui rend tout ce petit monde réel. Plus il agit comme un reflet fidèle et détaillé, plus on peut s'y projeter et feindre d'y croire.

La création d'univers dans lesquels mener des vies parallèles, c'était aussi le pari du métavers qui a usé de ce souci du réalisme jusqu'à l'absurde. Naïvement, on aurait pu penser que tout l'intérêt du virtuel serait de ne pas reproduire ce qui nous infeste le quotidien. Mais dès le début des années 2000 on y retrouvait les mêmes enseignes commerciales que dans la rue d'à côté, on pouvait y acheter les mêmes marques de baskets et s'y faire recruter pour des panels de marketing virtuel. Des défilés de mode y ont été organisés par les géants du luxe, les candidats à la présidentielle y ont ouvert des bureaux de campagne, des pays y ont eu leurs ambassades et au final la porosité avec le monde réel a été telle que la crise des subprimes a même affecté les banques virtuelles – au moins, quand on jouait avec des figurines, le lion ne nous dévorait pas la main. Il ne s'agissait pas tant, avec le métavers, d'inventer un autre monde que d'en opérer une extension, d'ouvrir une succursale du réel.

La broderie contemporaine vise au contraire à métamorphoser le réel et, outre ses aspects esthétiques, sert souvent un fond politique. C'est le cas par exemple du travail d'Inès Bel Mokhtar, intitulé *Éclairer les territoires d'incertitudes* et sous-titré : « Comment enrayer les passions tristes et retrouver la "dignité du présent"? » Sa toile monumentale représente une voiture en feu dont les flammes se confondent avec la végétation, elle figure par ses teintes l'automne d'une civilisation, un décor de fin d'émeute ou l'incendie caniculaire d'un été moderne. Dans les réseaux féministes, la broderie revisite le rapport au corps, dresse des doigts d'honneur ou revivifie la pratique de la banderole. Au Brésil, le collectif Linhas de Sampa brode « pour la démocratie et les droits humains, et fait des pamphlets brodés son instrument de lutte ». À Mexico, le collectif Bordamos Feminicidios brode les féminicides depuis 2011, indiquant pour chaque victime son nom, son âge et son histoire. Assemblées et cousues, leurs broderies forment des banderoles immenses, portées dans les manifestations de femmes qui traversent le pays pour lutter contre les violences et l'oubli.

La broderie féministe est un legs historique. À la prison de Holloway au Royaume-Uni, les suffragettes furent incarcérées par centaines au siècle dernier. Si elles n'avaient pas le droit d'écrire, privées de stylo et de papier, elles y étaient en revanche encouragées à coudre. Les détenues se sont alors saisies de cette assignation aux travaux d'aiguille pour mieux la subvertir. Janie Terrero brodera ainsi les dates de son arrestation et de son jugement sur un mouchoir en soie au liseré vert, blanc et violet – couleurs dont l'acronyme anglais GWV peut se lire *Give Women Votes*. Un autre mouchoir sera brodé à plusieurs mains en mars 1912 du slogan féministe *Votes for Women* ainsi que des noms de 66 militantes emprisonnées pour bris de vitres durant les manifestations. La broderie se fait collective, politique et revendicatrice. Elle atterrit même parfois dans des mains masculines. Le major Casdagli, détenu en Allemagne en 1941, broda en morse : « Hitler, va te faire foutre ! *God save the king.* »

Lors de mon séjour en Inde, j'ai été surprise de voir nombre d'hommes penchés sur leur métier, brodant à la main dans de minuscules arrière-échoppes les vêtements de cérémonie que les femmes y portent pour les grandes occasions. Sur la route d'Agra, je me suis initiée à l'entrelacement de fils de soie impliquant des ressorts microscopiques et de fins éclats brillants, honteuse de la lenteur et de la maladresse de mes doigts à côté de ceux des brodeurs qui m'entouraient. J'ai repensé alors aux broderies rustiques des femmes de Jinwar, tissées d'épais fils colorés sur des morceaux de drap blanc qui s'effilochaient. Dans la pièce de l'assemblée du village figurait un tissu carré, brodé d'un être hybride de femme-cheval ailée portant un bouclier. Entre Centaure et Pégase, toute de fuchsia, de nuances de vert et d'orangé, elle semblait répondre à la fresque peinte sur les murs extérieurs de la cuisine collective. Celle-ci représentait la figure mythologique de Sahmaran, mi-femme mi-serpent, qui fut donnée à manger à un sultan.

14.

J'avais toujours évité l'Inde ; je n'aurais jamais osé m'y aventurer seule. Je craignais de ne pas supporter la charge émotionnelle, la violence de la misère, j'avais des visions d'enfants sous-alimentés, de mendiants estropiés, j'avais lu que 70 % des Occidentaux y tombaient malades, je redoutais la foule et la promiscuité de ce pays surpeuplé. J'étais pétrie de clichés ; je fuyais le mysticisme et me méfiais des équivoques de la spiritualité. J'avais peur aussi sans doute de mes propres réactions, de la tentation de l'égarement, cette envie parfois de se laisser chavirer. Il y avait trop de récits d'Occidentaux atteints du « syndrome indien » qui n'étaient jamais rentrés, ou transformés, le corps éprouvé et la raison abîmée.

J'avais en fait sous-estimé l'impact qu'avaient déjà eu sur moi les visites de camps de déplacés en Syrie et l'extrême difficulté d'un territoire en état de guerre et de pénurie permanentes. Sans m'être blindée d'indifférence, je m'étais endurcie. J'avais fait l'expérience de la foule en Irak, de l'embarras voire de l'hostilité générée par une femme seule, fumeuse même discrète et non voilée dans de nombreux pays où j'avais séjourné. L'Amérique latine m'avait appris à lâcher prise sur les délais et les programmes précis. Partout, sans jamais avoir pu m'y habituer, j'avais senti la brûlure de la honte d'être née du bon côté du globe, de faire partie des privilégiés et, quels que soient les efforts déployés, de ne jamais parvenir tout à fait à se défaire d'une forme d'orientalisme. Je savais déjà l'incapacité absolue, fondamentale, à comprendre un pays, un peuple, une culture sans en maîtriser la langue et sans y avoir réellement vécu.

J'avais résolu de partir avec une sélection de romans en lien avec ma destination. De ma « période indienne », je ressortis de ma bibliothèque les livres que j'avais tant aimés quinze ans auparavant d'Amitav Ghosh, d'Arundhati Roy et du prix Nobel de littérature Rabindranath Tagore. J'ai la chance d'avoir si peu de mémoire que je peux relire chaque livre comme si c'était la première fois. Je ne pus résister à y ajouter, malgré la gêne éprouvée à associer ainsi l'occupant et le colonisé, *Raison et sentiments* de Jane Austen et *Howards End* de E. M. Forster. Enfin, pour être sûre de ne pas manquer, j'y glissai encore deux autres titres, dont un de Barbara Kingsolver qui m'avait été chaudement recommandé par une amie chère. Puis, ma valise étant sur le point de craquer, je me mis en demeure de relire avant mon départ un grand format déraisonnablement lourd, *Loin de Chandigarh* de Tarun J. Tejpal. Lu à sa sortie en France en 2005, ce roman avait été pour moi un véritable choc de parfums, de désir et de montagnes luxuriantes ; c'est grâce à ce livre que j'avais appris que la panthère noire était un léopard.

Je me tournai ensuite vers les films. Après m'être écœurée de bandes-annonces de Bollywood, je me rabattis sur la grâce du cinéaste Satyajit Ray avec *La Grande Ville*. Je m'y étais prise tardivement, aussi je n'eus le temps de compléter cet aperçu qu'avec deux épisodes de la série documentaire *L'Inde fantôme, réflexions sur un voyage* réalisée par Louis Malle en 1968. Ce n'est qu'une fois en Inde que j'ai saisi à quel point ses images m'avaient impressionnée, littéralement, au sens photographique du terme.

Pour lui aussi, tout commença par une invitation du ministère des Affaires étrangères à venir présenter ses films en Inde en 1967. À peine rentré, il projetait déjà de repartir, cette fois pour filmer. Mais de retour en Inde avec sa caméra, tous ses projets bien agencés se délitèrent au contact de la réalité. Le réalisateur renonça très vite à maîtriser quoi que ce soit. Il accepta visiblement d'être complètement perdu, baladé par les aléas et finalement prévint d'emblée que son regard ne serait ni ethnographique ni objectif, mais « une suite d'images et d'impressions recueillies sans scénario, sans idées préconçues, un film de hasard, de rencontres ». Surtout, en filmant le regard des autres, il se décrira lui-même en intrus. Une de ses phrases exprime avec une simplicité redoutable le trouble que l'on éprouve, quand on s'éloigne des sentiers balisés, à devenir à son tour l'étranger, celui qui dérange, qui n'est pas à sa place, l'incongru, le gauche, l'inadapté, le mal vêtu, le maladroit, le dévisagé : « Nous étions venus pour les voir, mais ce sont eux qui nous regardent. »

On m'a dit à plusieurs reprises lors de mon séjour qu'on pouvait toujours trouver en Inde ce qu'on était venu y chercher, lui faire dire ce qu'on désire. C'est vrai. La tentation est forte et permanente de « vouloir faire dire aux images ce qu'elles ne peuvent pas dire », et il est vain de croire qu'on pourrait totalement se dépouiller d'un regard ethnocentré. Mais, marqué par les *Tristes tropiques* de Claude – *aka* « Je hais les voyages et les explorateurs » – Lévi-Strauss, Louis Malle s'efforça tout de même de se contenter d'observer et de commenter ce qu'il pensait comprendre. Le résultat est troublant, parfois gênant, mais juste et honnête. Nous ne savons rien. Tout juste peut-on tenter de saisir des impressions et de formuler des hypothèses, des pistes de réflexion.

À l'époque de ce documentaire, le sous-continent n'était indépendant que depuis une vingtaine d'années et encore préservé du tourisme occidental. À part quelques individus en quête de spiritualité, peu d'étrangers y circulaient. En regardant une partie de ces films avant mon départ, je pensais visionner un document historique qui ne me préparerait en rien – ou si peu – à ce que j'allais trouver. Les femmes grattant l'herbe dans les parcs et les champs, les fanfares déboulant de nulle part, les écoliers pieds nus sur la terre battue, les emportements mystiques, les mariages princiers sur un char à bœufs dans des villages miséreux, l'archaïsme général qui se dégageait de ses images, au sens littéral de ce qui « appartient à une époque antérieure à celle où il est employé », tout semblait ancré dans une période révolue.

Je m'attendais à découvrir sur place une Inde loin des confins que j'imaginais, métamorphosée par cinquante années de développement, et – à la fois politiquement et égoïstement – à en être déçue. J'anticipais un pays qui, à l'instar de l'ensemble de la planète, se serait, en un temps record, modernisé – c'est-à-dire artificialisé, bétonné, numérisé, franchisé, rallié à la grand-messe des écrans et des marques mondialisées. Totale erreur de ma part : l'Inde reste un monde à part.

15.

Delhi est toujours dépeinte comme une mégalopole bruyante, surpolluée, surpeuplée, misogyne et violente. J'ai découvert une ville enchevêtrée de végétation luxuriante et de parcs magnifiques, survolée de milans, de *Corvus splendens* – ce corbeau aussi présent en Asie du Sud que les moineaux chez nous –, de perruches vert émeraude à longue queue ; une ville parcourue, à la tombée de la nuit, du vol élégant des roussettes géantes. J'ai vu de mes propres yeux, noyée de gratitude, une fiction acquérir la matérialité du réel : tous les kapokiers, anacardiers, frangipaniers dont j'avais peuplé l'Oasis tropicale de mon roman *Là où le feu et l'ours* sans en avoir jamais caressé l'écorce étaient là.

Je m'attendais à être émue et bousculée. J'ai été exaucée au-delà de ce que je suis en capacité de restituer. Tout en Inde m'a paru spectaculaire, inédit, magnifique et déconcertant. Il y aurait mille réflexions à en tirer et dix fois plus d'observations à raconter. J'ai un cahier rempli de scènes saugrenues, de dialogues de sourds et d'anecdotes d'un comique absurde, du sentiment d'être gauche et déplacée puis transportée d'émerveillement, de l'impossibilité de rien prévoir et d'apparitions, de fait, de fanfares au milieu de nulle part.

Mais surtout, en fait d'archaïsme, j'ai été percutée par une hypothèse qui ne me lâche plus. C'est non le passé mais peut-être notre futur que j'y ai contemplé.

Alors que l'habitabilité des tropiques dans un futur proche est sérieusement questionnée par les dernières estimations du Giec, cet ailleurs pourrait bien devenir notre réalité. Les tropiques sont en train de se rapprocher. Les experts redoutent l'arrivée de la dengue et du paludisme en France, et, selon les tendances actuelles, le pays connaîtra d'ici à la fin du siècle trois mois de « nuits tropicales » par an – des nuits au cours desquelles la température ne descend pas sous le seuil des 20 degrés. L'escalade technologique et la prédation sur les écosystèmes sont en train de signer la fin du monde tel qu'on le connaît. Et notre futur devrait selon toutes probabilités davantage ressembler aux villages de l'Inde rurale d'aujourd'hui qu'à une colonie de haute technologie sur Mars. Or nous n'y sommes pas prêts.

Au moment de mon départ, je venais d'achever la rédaction du court essai *Être heureux avec moins ?*, destiné aux adolescents et jeunes adultes, dans lequel je me suis efforcée de parler de décroissance et de sobriété sur un ton qui ne soit ni moralisateur ni édulcoré. Dans le cadre de mes recherches, j'étais retombée sur les statistiques concernant l'empreinte carbone des différents pays. L'Inde se situe en bas de l'échelle de consommation des ressources naturelles, avec un équivalent moyen de 0,7 planète Terre. Sachant que j'allais bientôt m'y rendre, j'ai cité ce chiffre, le mettant en comparaison des 2,7 planètes consommées en France. Mais c'était resté abstrait. J'ai commencé à le pressentir à Delhi, mais c'est au cours d'un séjour de quelques jours dans les Jawadhu Hills, au Tamil Nadu, que j'ai vraiment saisi ce que cela signifiait.

Pour arriver dans cette zone rurale et tribale restée très longtemps coupée du monde, il faut d'abord emprunter une route de lacets entortillés jusqu'à un plateau – qui ne ressemble en rien au Vercors. Le Tamil Nadu se situe au sud de l'Inde, entre le tropique du Cancer et l'équateur. Cette situation géographique oblige à revoir tout ce qu'on croyait savoir de la montagne. Loin de nos glaciers, bouquetins et chamois, la montagne ici, qui culmine à 1 400 mètres, est peuplée de singes comme j'en ai si souvent rêvé en écoutant des cris inconnus dans le Vercors, de vaches en libre évolution, les cornes peintes en bleu, de bambous et de villages assis sur une terre ocre, et de temples au milieu de la forêt.

Alors qu'à Delhi les monuments, moghols essentiellement, sont d'une splendeur toute aristocratique, les temples des Jawadhu Hills comme ceux de Pondichéry sont ornés de sculptures délirantes. Divinités moqueuses, taureaux *Nandi* joyeux, poitrines opulentes, crachoirs à bétel, éléphants ventripotents et lions roulant des yeux… Intriguée d'y voir représentés tant de lions, un fauve du continent africain, j'ai découvert qu'il avait bien existé un lion d'Asie, *Panthera leo persica*, que l'on trouvait dans tout le Moyen-Orient, de la Syrie à l'Inde, en Grèce ou en Iran. Il a été décimé au XIXe siècle. Il n'en existe plus que quelques centaines d'individus, rassemblés dans l'État du Gujarat et à moitié consanguins.

À quatre heures de route chaotique et aventureuse depuis Pondichéry, on débarque dans un monde sans touristes et sans hôtels, sans alcool, sans couverts, sans asphalte, d'une beauté extravagante. Dans les Jawadhu Hills il n'y a pas de supermarchés, mais à perte de vue des manguiers, goyaviers, anacardiers, tamariniers et jacquiers qui donnent l'impression d'un paradis dans lequel il n'y aurait qu'à tendre la main pour se sustenter. Comme s'exclame Leah, une des jeunes sœurs du roman de Barbara Kingsolver

Les Yeux dans les arbres, en découvrant le Congo ocre, ses bambous et ses fleurs de bougainvillées : « on dirait un endroit tout droit sorti d'un livre de contes ».

Au cours d'une visite, des villageois nous ont guidés vers un arbre immense. Il fallait se renverser la nuque pour en apercevoir les hauteurs. Il était cafi d'essaims gigantesques d'abeilles sauvages garnis de miel. Y grimper est certes périlleux, et l'expédition fait d'ailleurs l'objet de tout un rituel censé prémunir des dangers, mais le spectacle n'était pas sans évoquer une version du jardin d'Éden indienne et païenne, baignée de l'esprit de Bon Bibi, protectrice des humains et gardienne de la jungle, dont la légende a été arpentée par Amitav Ghosh dans *Le Pays des marées* : « *Jungle korté geslam*, je suis allé "faire la jungle" hier, Mashima, et Bon Bibi m'a accordé assez de miel pour remplir deux bouteilles. »

Les vergers, sauvages comme cultivés, emplissent de leurs fruits les étals de rue, les marchés et les échoppes rudimentaires des bords de route. Les paysages sont découpés en petits rectangles approximatifs de couleurs variées, allant du vert éclatant des rizières à l'ocre de la latérite. Là, avec l'alternance de saison sèche et de mousson, le sol se transforme en cuirasse impossible à cultiver. De petites briqueteries artisanales produisent alors des pyramides de briques empilées entre des huttes aux toits de chaume, de palme ou de tôle ondulée, entourées de bananiers et de cocotiers.

J'écris tout ceci avec prudence. J'étais loin des outrances inégalitaires de Bombay, de ses défilés

Dior et de ses milliardaires, où l'argent comme la misère coulent à flots mais où même les quartiers huppés manquent d'eau. Surtout, en l'espace d'un mois on ne voit ni ne comprend rien, c'est entendu. Mais ce premier aperçu de ce que faute de mieux je qualifierais de *société agraire et no-tech* m'a marquée. On peut choisir d'y voir, selon sa sensibilité et sa culture politique, un reflet du passé dont le progrès nous aurait libérés ou au contraire l'avenir d'une société postcapitaliste ; y projeter l'utopie d'un effondrement sans ruines industrielles ni legs toxiques, ou n'y voir qu'une horreur rétrograde. Je n'ignore pas ces débats. Mais on peut aussi, sans tomber dans la binarité modèle-repoussoir, y voir *a minima* une source d'inspiration sur la manière dont nous pourrions vivre pour *éviter l'ingérable et gérer l'inévitable*. Désirable ou pas, et qu'on le veuille ou non, le réchauffement climatique et l'épuisement des ressources ne vont pas s'arrêter, ni les risques de pénurie ralentir, et nous aurons toujours besoin de nous nourrir.

16.

En Inde, pays désormais le plus peuplé du monde, la production agricole occupe, dans sa myriade d'activités, plus de la moitié de la population. Cela représente environ 700 millions de personnes. C'est difficile à imaginer. Bien sûr ce nombre recouvre des réalités très différentes, de l'ouvrier journalier au propriétaire foncier, mais d'une manière ou d'une autre l'alimentation tient une place centrale dans l'organisation de la société. La question agricole y façonne le quotidien, le rythme des journées, l'économie familiale, les paysages, l'espace public et jusqu'à l'agencement des rues : que ce soit en ville ou à la campagne, les marchands ambulants de fruits et légumes, installés à même le sol, sont omniprésents et redessinent jusqu'à la place laissée aux moteurs.

> « Les autres jours, quand il n'y a pas marché, les gens se rassemblent simplement sur la place principale pour une chose ou l'autre : se faire coiffer, faire réparer ses chaussures ou juste cancaner dans un coin. Il y a un tailleur qui installe sa machine à coudre à pédale sous l'arbre et qui prend des commandes, aussi bête que ça. »

J'ai beaucoup pensé à ce passage de Barbara Kingsolver en voyant un coiffeur-barbier s'installer sur un rond-point de Delhi : c'était exactement ça.

L'économie de subsistance, dans laquelle les familles paysannes produisent avant tout pour les besoins locaux, est partout dans les Jawadhu Hills. Mais même dans ces contrées reculées, elle est progressivement rattrapée par les *cash crops*, des cultures destinées essentiellement à l'exportation, qui servent non plus à se nourrir mais à gagner un peu d'argent. C'est le cas par exemple des cornichons, dont beaucoup, après avoir été triés à la main et trimballés dans des cagettes sur des camions fatigués le long des routes poussiéreuses du Tamil Nadu, finiront dans nos supermarchés. C'est une chose de le savoir, c'est une aberration de le voir. Des cultures entrepreneuriales sont ainsi livrées clés en main aux paysans locaux : semences, pesticides, protocole strict pour garantir le calibrage des produits et engagement de la firme à acheter l'ensemble de la récolte. Les fermiers n'en mangent pas, ils ne veulent pas s'empoisonner, mais la contamination est lancée. Il n'y a pas de ruches dans les potagers, nous expliquent-ils, car ces parcelles tuent les abeilles. Las, ces considérations ne font pas le poids face au besoin de liquidités.

Si la *junk food* a fait son apparition récemment, on reste néanmoins à des années-lumière de la restauration rapide avec *drive-in* et parking. Ici, elle prend la forme de guirlandes de sachets plastique contenant des sucreries, graines ou chips en tout genre, pendues dans les petites épiceries qu'on trouve dans chaque village. Ceux-ci servent essentiellement aux écoliers pour leur panier du midi et permettent d'apporter un peu de croquant aux plats locaux qui, pour l'essentiel, quoique savoureux, ressemblent à une variation sans fin – midi, soir et matin – de bouillies surépicées. Ces plats sont la plupart du temps cuisinés à base de riz, une denrée distribuée gratuitement à toutes les familles du Tamil Nadu. Mais des initiatives ont été lancées pour le remplacer par du millet, moins gourmand en eau et possédant de meilleures qualités nutritionnelles. C'est d'ailleurs dans ce cadre que je me suis rendue dans les Hills, me greffant à un groupe de chercheurs, agronomes et géologues, impliqués dans le projet Patamil avec l'Institut français de Pondichéry.

En Inde, le riz le plus recherché est le plus poli, le plus blanc, un riz raffiné qui a perdu une grande partie de ses qualités. Une anthropologue de l'Université de Chennai nous a expliqué que la blancheur était perçue comme un gage de modernité et de distinction en Inde, où le colorisme, la différence de traitement fondée sur les variations d'intensité de la couleur de la peau, fait des ravages. On en trouve l'écho dans tous les romans indiens ; s'ajoutant au système de castes qui perdure malgré la loi, cette discrimination crée un véritable nuancier des inégalités sociales. De ce système foncièrement inégalitaire, Arundhati Roy a fait le cœur même de son roman *Le Dieu des petits riens*. Elle y raconte notamment comment des Paravans, Pelayas et Pulayas se convertirent au christianisme « dans l'espoir d'échapper au fléau d'Intouchable ». Sans succès, faut-il le préciser : ils furent discriminés au sein de l'Église anglicane sans plus de manières.

À Delhi, les temples sikhs accueillent eux toutes celles et ceux qui ont faim, quelle que soit la couleur de leur peau ou leur religion. De véritables cantines solidaires se dévoilent en coulisses, derrière les lieux de recueillement et de prière, où s'agitent des bénévoles et s'entassent d'énormes chaudrons dans des salles carrelées nettoyées au jet. Les hommes et les femmes ne sont pas séparés, et les hommes doivent eux aussi s'y coiffer d'un tissu ; je n'ai pas manqué de le noter. Il m'a été confirmé par la suite que la tradition d'hospitalité faisait des temples sikhs *le* lieu en Inde où chercher de l'aide lorsqu'on était perdu ou en difficulté. Tolérance envers les autres religions, absence de péché originel, valorisation de la lucidité et du courage au-delà du clivage entre pessimisme et optimisme, je découvre, à propos du sikhisme, des choses étonnantes. Et cette citation qui résonne : « Lorsque tous les autres recours ont été épuisés, alors il est parfaitement juste de tirer l'épée. » Je me fais peu d'illusions néanmoins : sur le papier Jésus était communiste et l'encyclique *Laudato si* est bourrée de belles intentions. Mais je note, abasourdie, que le sikhisme est la cinquième religion la plus pratiquée dans le monde, loin devant le judaïsme. Comment est-il possible qu'on en sache si peu, de manière générale, sur le reste du monde ?

17.

Arundhati Roy, dans *Le Ministère du Bonheur suprême*, me fournit un nouvel exemple éclatant de la manière dont la fiction peut modifier notre vision du monde. Intervenant régulièrement sur les liens entre littérature, imaginaire et politique, j'évoque souvent la nécessité d'*affecter*, c'est-à-dire de percuter la part sensible au-delà de la seule part rationnelle de notre cerveau, pour produire un effet sur nos perceptions. Ce phénomène de basculement du réel, de changement de perspective après lequel on ne peut plus jamais regarder les choses de la même manière, est exactement ce qu'ont produit sur moi les « poumons de pierre » du *Ministère du Bonheur suprême*.

« Comment désavoir, par exemple, que chez les personnes mortes à cause de la poussière de pierre les poumons refusaient de brûler. Quand le reste de leur corps avait été changé en cendre, deux masses de pierre en forme de poumons subsistaient, indemnes. Son ami le docteur Azad Bhartiya, qui vivait sur le trottoir de Jantar Mantar, lui avait parlé de son frère aîné, Jiten K. Kumar, qui avait travaillé dans une carrière de granite. Il était mort à trente-cinq ans. Il avait dû briser, lui avait-il raconté, les poumons de son frère avec une barre à mine sur le bûcher funéraire pour libérer son âme. Bien que, communiste, il ne crût pas à l'existence de l'âme, disait-il, il l'avait fait. Pour sa mère. Les poumons de son frère étincelaient, parsemés de particules de silice. »

J'étais déjà bien remuée. Mais ce n'était pas terminé. Dans une succession de missives d'une ironie cruelle adressées à un « cher docteur », Arundhati Roy écrit encore :

« Cher docteur, rien de particulier. Je voulais juste vous dire bonjour. En fait si, il y a quelque chose. Imaginez-vous devoir briser les poumons de votre frère pour faire plaisir à votre mère. Appelleriez-vous cela une activité humaine normale ? »

Voilà le genre de choses qu'on ne peut pas *désavoir* après les avoir lues. J'ai passé pas mal de temps sur les routes du Tamil Nadu. Partout, j'ai vu des ateliers de sculpteurs et de tailleurs de pierre proposant des statues de divinités sur le bord de la route. Il s'en dégageait des nuages de fine poussière blanche. Celle-ci n'avait pas le temps de retomber qu'elle transformait le sol rouge en désert de sel et les palmiers en arbres de Noël. Cela ne m'a jamais semblé pittoresque ni le moins du monde ravissant après avoir lu le témoignage du docteur Azad Bhartiya. L'affect et le percept avaient fusionné.

18.

Dans les Jawadhu Hills, à part quelques bouteilles en plastique, tout paraît complètement anachronique. Rien n'est mécanisé ici, il y a une telle profusion de main-d'œuvre et de misère que tout marche à l'huile de coude, même à la capitale Delhi. Les gravats se déblaient panier par panier sur la tête, les briques se passent une par une à la main, l'asphalte s'attaque à la pioche et tout, des sandales aux deux-roues, se répare voire se fabrique à même la rue ou dans de minuscules ateliers.

On fait avec ce qu'on a, avec ce qui est là. Les feuilles de bananier servent de plat, les assiettes et les toits sont tissés de frondes de palmier. Les piliers des échafaudages sont composés de larges cannes de bambou. Les milliers de balayeurs et balayeuses, incontournables en ville comme à la campagne du fait de l'omniprésence des arbres et des feuilles à terre, utilisent des balais de roseaux et de palmes. La canne à sucre est pressée artisanalement directement devant vous, les noix de coco ouvertes à la machette pour en boire le jus puis l'intérieur raclé avec un bout d'écorce pour en récupérer la peau laiteuse. Rien ne se perd. Tout ce qui est disponible aux alentours semble susceptible d'être utilisé.

Ce que je vois de l'Inde me fait irrésistiblement penser à la perspective de la subsistance développée par différentes autrices écoféministes, qui consiste à revaloriser la pratique et à se sentir fière de ce que l'on sait faire. Elle s'attache aux connaissances et compétences domestiques auxquelles les femmes ont toujours été assignées, souvent dévalorisées dans nos sociétés et pourtant fondamentalement liées à la subsistance : cultiver, cuisiner, soigner, réparer, coudre et broder, mais aussi ordonner et créer une atmosphère paisible. Le terme de perspective doit être entendu au sens d'une transformation de la vision du monde. Autrement dit, la subsistance consiste à « regarder le monde par le bas », depuis la vie quotidienne. Il ne s'agit pas de rejeter toute visée intellectuelle mais d'une invitation à unir la théorie et la pratique, à reconnaître qu'on pense aussi avec son corps, que la compréhension du monde se nourrit d'expériences sensibles et, en somme, que tout raisonnement gagne à effectuer sans cesse cette gymnastique d'aller-retour permanent entre le concret et l'abstrait, bien loin des intellectuels hors sol qui théorisent des choses qu'ils n'ont pas vécues et ne vivront jamais.

Un roman l'a longtemps illustré pour moi : *Le Mur invisible* de Marlen Haushofer, publié en 1963. On y lit le journal de bord d'une femme ordinaire, coupée du monde extérieur du jour au lendemain et confrontée à la nécessité de prendre en charge elle-même sa subsistance. Elle n'est pas seule : un chien, Lynx, une chatte et une vache gestante, Bella, l'accompagnent. Elle dispose de bois, de champs, de quelques semences et d'estives en montagne. Mais elle va devoir se débrouiller avec ce déjà-là, et soudain le peu de savoir manuel et technique qu'elle possède se révèle plus que précieux, vital.

Ce n'est sans doute pas un hasard si ce livre a connu un regain de succès ces dernières années, sur fond de risques d'effondrement et de rupture de chaînes d'approvisionnement. Des savoirs essentiels sont en train de se perdre faute de chantiers collectifs, d'éducation et de transmission intergénérationnelle, ou parce que nous les confions à des intelligences artificielles. C'est pourquoi il manque au *Mur invisible*, pour devenir *le* grand roman de la subsistance, la société humaine : une des clés de l'autonomie politique et matérielle consiste à pouvoir compter les uns sur les autres. Or, généralement, dans les œuvres de fiction, les robinsonnades se déroulent paradoxalement mieux que les reconstitutions de sociétés.

Survivrait-on mieux seule ? De *L'Île* de Robert Merle en 1962 à *L'Année du lion* de Deon Meyer en 2016, à chaque fois que la littérature explore ce qu'il advient d'une poignée de survivants s'efforçant de reconstituer une société sur des bases meilleures, c'est un désastre. Or c'est bien à ce défi qu'il s'agit de s'atteler. Car de même que personne ne peut s'extraire de la nasse, car personne ne peut vivre sans eau, sans terres arables et sans pollinisateurs, nul ne peut imaginer subsister seul.

19.

Dans *La Subsistance*, Maria Mies et Veronika Bennholdt-Thomsen soulignent que l'autonomie repose sur la coopération et que ce dont nous avons besoin n'est pas de décisions ou d'autorisations venues d'en haut, mais juste que « les suppôts du patriarcat, les multinationales, la Banque mondiale ou le FMI, tous [nos] oppresseurs [nous] laissent tranquilles ». Elles écrivent également l'importance du *faire soi-même* et d'un travail qui soit matériellement et socialement utile, à l'inverse de ce qu'elles qualifient d'*argent mort*. Un quart de siècle après sa publication, on ne peut que confirmer la justesse de cette expression face à des sphères financières toujours plus déphasées de l'économie réelle et à une richesse monétaire qui ne génère ni satisfaction ni générosité et repose, de fait, sur des processus mortifères.

Alors que j'étais en train de relire cette phrase, je viens d'apprendre le décès de Maria Mies, à 92 ans. Son livre est étalé devant moi, côtoyant Rabindranath Tagore et Amitav Ghosh sur mon bureau. Je m'étais réjouie hier de calculer que les autrices avaient 53 et 66 ans au moment de la publication initiale de leur texte, j'y voyais un encouragement. Je savais que Maria Mies avait écrit dès 1993 avec Vandana Shiva sur l'écoféminisme, mais je découvre qu'elle a vécu six ans en Inde et que Rosa fut une de ses grandes sources d'inspiration. Cela fait beaucoup de coïncidences et m'envoie une vague à l'âme. Il y a tant d'elle dans les petites histoires qui parsèment *La Subsistance* que j'ai presque le sentiment d'une perte personnelle. Maria Mies, comme Ursula K. Le Guin et Rosa Luxemburg, fait partie de ces grands-mères qu'on se choisit, que j'aurais aimé connaître.

Dès le début du livre, Maria Mies évoque sa propre mère, paysanne à la fin de la Seconde Guerre mondiale en Allemagne. La monnaie ne valait plus rien alors, mais elle avait pu échanger 12 porcelets « contre des souliers, des pantalons, des chemises et des vestes pour ses cinq fils qui revenaient de la guerre l'un après l'autre ». Voilà qui constitue un rappel salutaire qu'en matière d'argent, la seule question qui vaille est celle de son usage. Personne n'a besoin d'argent. Ce dont on a besoin, c'est de se nourrir, se loger, se vêtir, se déplacer, se chauffer, se divertir, se cultiver et faire plaisir; ce qui compte, c'est la valeur d'usage. Elle nous rappelle aussi qu'il existe d'autres voies qu'un compte en banque pour conserver sa capacité d'échange. Ainsi, dans les Jawadhu Hills, la récolte de millet n'est pas vendue immédiatement. Elle est stockée et vendue au fur et à mesure des besoins. Cette réserve de graines est en quelque sorte un porte-monnaie qui se mange.

Les deux autrices évoquent aussi une rencontre entre Hillary Clinton et les femmes d'un village en Inde qui, bénéficiant d'un système de micro-crédits, ont gagné en autonomie : elles disposent d'un revenu personnel, de quelques biens à elles, des vaches, des poules, des canards ; leurs enfants vont à l'école. Après avoir interrogé la première dame sur ses propres conditions d'existence, les villageoises se regardent et murmurent : « Pauvre Hillary ! Elle n'a pas de vache, pas de revenu personnel et elle n'a qu'une seule fille. » Remplacer son compte en banque par une vache, j'aime beaucoup cette idée. Et par les temps qui courent cela me semble loin d'être idiot.

Quand la mère de Maria Mies élève ses porcelets, on est en pleine débâcle de la guerre. Personne n'investit plus dans l'avenir. Les paysans abattent leurs animaux et cessent de labourer ou de semer. Si ce passage m'a marquée, ce n'est pas uniquement par la force de sa simplicité. C'est aussi parce qu'il m'a fait penser à la Syrie. La première fois que je me suis rendue au Rojava, j'avais été choquée d'apprendre que le régime avait empêché les Kurdes, jusqu'à la révolution, de planter des arbres chez eux. Car planter un arbre c'était miser sur le temps long et s'enraciner, c'était créer une *querencia*, avoir un territoire à défendre. C'était investir dans la foi d'un avenir plus long que soi. J'en ai trouvé l'écho dans *Les Yeux dans les arbres* de Barbara Kingsolver, quand l'une des personnages, Leah, donne des cours de nutrition dans un village-ferme en Angola :

> « Notre tâche la plus difficile, dit-elle, est celle d'apprendre aux gens à compter sur un avenir : à planter des agrumes, à conserver leur détritus pour en faire de

l'engrais. Pourquoi doit-on rechigner à faire quelque chose d'aussi évident que planter un arbre fruitier ou amender le sol? Mais pour ceux qui n'ont jamais vécu autrement qu'en réfugiés, apprendre à croire en un cycle nourricier exige quelque chose qui reste de l'ordre d'une conversion religieuse. »

Cette phrase non plus n'a pas fini de résonner en moi.

20.

Il m'aura indéniablement manqué, dans les Hills, de vives et chaudes lumières donnant le sentiment d'être vraiment éclairée. J'ai eu l'impression de lire et de me maquiller les yeux de *kajal* dans un brouillard permanent. Mais j'ai aussi noté cette idée sur un bout de carnet : « Vivre à la frontale, n'éclairer que ce qu'il faut. Mettre une jupe à sa table, rester au chaud. » Il m'a toujours semblé aberrant de chauffer toute une pièce quand il n'y a qu'un corps à chauffer. Au Japon, les tables sont enterrées et portent des jupes en tissu épais sous lesquelles sont dissimulés de petits systèmes de chauffage. J'y ai glissé mon corps jusqu'à la taille lors d'un séjour épique dans un temple glacial. Et contre toute attente, il m'aura fallu peu de watts pour cesser de grelotter. Ce n'est pas toujours si simple bien sûr, mais il va bien falloir trouver des moyens de gagner en sobriété – et si possible sans tout y sacrifier.

L'autonomie politique et matérielle me semble aujourd'hui la voie la plus intéressante pour s'en approcher. Elle implique de faire l'inventaire de ses besoins et de ses vulnérabilités, pour *in fine* répondre aux premiers en maîtrisant les secondes. Il s'agit donc d'abord d'identifier et apprendre à se passer du superflu, et d'en distinguer ce qui relève de la nécessité, du plaisir incompressible et du soin. Puis de s'assurer qu'on dispose autour de soi des ressources et savoirs nécessaires pour les satisfaire. On réalise alors très rapidement que cela ne peut fonctionner que de manière collective.

Il est fréquent de confondre la recherche d'autonomie, qui suppose l'interdépendance et la réciprocité des liens, avec l'illusion de l'indépendance. S'affranchir des tâches nécessaires que l'on n'a pas envie d'accomplir, cette conception moderne de la liberté, consiste toujours à s'en délester et à en faire reposer le poids sur d'autres, comme l'a brillamment rappelé Aurélien Berlan dans *Terre et Liberté*. Que ce soit sur des êtres humains, des ressources naturelles ou des technologies que l'on ne maîtrise pas, faire rimer liberté et prédation est insoutenable. Aucune liberté ne peut passer par l'enchaînement, ni de soi ni d'autrui. Elle ne peut s'épanouir que dans les limites de la décence et de la nature. Il ne s'agit donc pas de supprimer ses dépendances dans leur intégralité mais de les *choisir*, dans leur nature comme dans leur provenance. À quoi n'est-on pas prêt ou capable de se priver? Et de qui, de quoi dépend-on pour l'obtenir?

Cette recherche d'autonomie collective, la vraie liberté, est déjà en soi un horizon désirable pour des raisons éthiques, démocratiques et sociales. Elle est en passe de devenir un impératif face au dépassement des limites planétaires. Il est décisif désormais de faire preuve de discernement, c'est-à-dire d'exercer notre esprit à juger clairement et sainement des choses. Dès lors, les conclusions arrivent toutes seules. Empêcher de bétonner les terres et réfléchir très sérieusement aux usages de l'eau, dans le contexte qui est le nôtre, cela devrait relever du sens commun. Se fournir directement auprès des paysans plutôt qu'alimenter le complexe agro-industriel, faire soi-même ce que l'on peut plutôt que s'échiner à gagner de l'argent pour les acheter, faire confiance à ses mains et à son cerveau plutôt qu'à une intelligence artificielle, réaliser que son envie d'objets n'est pas toujours à la hauteur de ce qu'ils ont détruit pour exister, c'est ce type de raisonnement qui devrait aujourd'hui constituer la base de nos choix et de nos actes, individuels comme collectifs. C'est ce qui me semble à l'œuvre dans les mouvements émergents, des fermes collectives aux chantiers de *reprises de savoirs*, ce qui sous-tend les bifurcations de carrières et autres désertions de diplômés, l'essor des reprises de terres, des ZAD et des mouvements d'éducation populaire, et plus généralement tout ce qui bruisse dans les réseaux qui se reconfigurent lucidement, en prise avec le réel et avec notre condition terrestre. Là se construit un avenir fiable, loin des fantasmes de course sans fin d'un modèle dont l'échec, sur toute la ligne, est patent. Celui-ci nous a déjà apporté les émeutes de la faim, les zoonoses, l'extinction de la biodiversité, le dérèglement climatique, l'épuisement des sols et les pénuries à venir de matières critiques, entre autres joyeusetés. Il n'a pas franchement fait la preuve de son efficacité.

De multiples travaux d'anthropologues, de spécialistes de l'histoire ou de philosophes s'attachent à montrer comment d'autres vivent ou ont vécu. Ils nous rappellent qu'on *peut* vivre autrement, qu'il est possible d'arracher les œillères du *There is no alternative* – « il n'y a pas d'alternative » – néolibéral, et d'observer de toutes nos forces, d'expérimenter, d'aller puiser l'inspiration sous d'autres cieux, à d'autres époques, dans d'autres sociétés. Cette gymnastique des confins qui consiste à effectuer des allers-retours entre ici et ailleurs, entre hier et demain, est le meilleur moyen de ne pas rester enfermés dans nos cadres de pensée.

21.

Aux Jawadhu Hills, on comprend mieux comment l'empreinte de l'Inde ne se hisse qu'à 0,7 planète. Un tel chiffre peut être le signe d'une grande sobriété, mais aussi celui d'une grande pauvreté, les deux allant souvent de pair. Néanmoins, il convient de ne jamais perdre de vue la différence entre pauvreté et misère.

> « Quand l'homme est privé de la base que lui fournit le tout, sa pauvreté perd la plus belle vertu, la simplicité, pour n'être plus que honteuse et sordide. Sa richesse n'est plus de la splendeur, mais

de l'extravagance. Ses appétits ne restent plus dans leurs limites naturelles ; ils n'ont plus pour seul but de subvenir à sa vie ; ils deviennent une fin en eux-mêmes, mettent le feu à son existence, et dansent follement à la lueur de l'incendie. »

Cette citation de Rabindranath Tagore génère en moi une foule de sentiments. Je suis d'abord totalement enchantée de trouver un allié historique en ce grand auteur indien. Je gage que Rabindranath Tagore a lu Thorstein Veblen et sa théorie de la classe de loisir, parue en 1899, pour souligner aussi justement l'*extravagance* de la consommation ostentatoire. En trois phrases ciselées, voilà toute la quintessence de la lucidité, de l'éthique et d'une sensibilité politiques qui ne négligent pas l'importance de la poésie et du style littéraire. Dans ce court extrait se voient préfigurés les courants de pensée les plus passionnants du XXe siècle.

Las, une fois de plus, force est de constater que tout a déjà été dit, avec élégance et justesse, il y a plus d'un siècle. Ce constat me remplit régulièrement d'amertume et de tristesse. J'ai chez moi des piles entières de vieux *Charlie Hebdo* et une collection d'exemplaires de *La Gueule ouverte*, remplis d'articles de Cavanna et de Pierre Fournier que l'on pourrait ressortir tels quels, sans en changer une virgule, cinquante ans après. C'est à désespérer de la capacité humaine à évoluer, ce qui en soi devrait suffire à ruiner la vision linéaire du temps et les notions mêmes de développement et de progrès.

La perspective de la subsistance a été présentée pour la première fois en 1983 en Allemagne, en réponse à « la croissance ininterrompue du système industriel » qui s'exerçait aux dépens de l'environnement et du tiers-monde, mais aussi à « la nouvelle technologie de la micro-électronique » et à la hausse du chômage. Elle ne fut pas présentée alors uniquement comme une réponse au capitalisme, mais aussi comme une perspective nécessaire et réalisable, « une perspective d'avenir, en particulier pour nous, dans les pays industrialisés, et surtout pour nous, les femmes ».

Quarante ans plus tard, alors que nous avons vécu l'essor du numérique et son immixtion dans tous les aspects de nos vies, alors que les limites planétaires sont toutes en train d'être successivement franchies, je n'ai jamais autant eu l'impression que le passé nous écrivait depuis le futur.

Tout n'était pas mieux avant, mais certaines choses l'étaient. Le penser ne fait pas de nous des réactionnaires. Je rejoins totalement Michael Löwy lorsqu'il écrit que « le but n'est pas un retour en arrière mais un détour par le passé communautaire vers l'avenir utopique ». S'inspirer de ce qui nous a précédés, en conserver les bonnes choses et les perpétuer, cela ne peut être une erreur et

> « si le romantisme s'affirme comme une forme de sensibilité profondément empreinte de nostalgie, ce n'est pas pour autant qu'il refuse en bloc la modernité : d'une certaine façon on peut même le considérer comme une forme d'autocritique culturelle de la modernité ».

Ces phrases de Michael Löwy me guident souvent, tout comme sa définition du romantisme révolutionnaire comme « tentative désespérée de réenchantement du monde ».

Dans le recueil *Danser au bord du monde,* Ursula K. Le Guin critique la vision linéaire et euclidienne du temps et évoque, elle aussi, ce *détour par le passé.* Elle raconte que les Indiens Cree des Marais, observant un porc-épic qui entre à reculons dans la faille d'un rocher pour prudemment guetter ses ennemis et plus généralement ce qui vient, disent : *Usà puyew usu wapiw,* « He goes backward, looks forward » – « Il recule mais regarde devant lui ». Et Ursula K. Le Guin d'ajouter :

> « Si nous voulons spéculer en toute sécurité sur un avenir habitable, nous ferions mieux de trouver une faille et d'y entrer à reculons. Je ne propose pas de retourner à l'Âge de pierre. Mon raisonnement n'est ni réactionnaire ni même conservateur. Il est simplement subversif. Il semble que l'imagination utopique soit prise au piège, comme le capitalisme, l'industrialisme et la population elle-même, dans un avenir à sens unique, exclusivement fondé sur la croissance. Tout ce que j'essaie de faire, moi, c'est de trouver comment placer un obstacle sur la voie. »

Examiner le monde depuis ses confins, le regarder *par le bas* et changer de perspective, faire un détour par le passé pour mieux s'orienter vers l'avenir, que ce soit par la fiction, le voyage ou la mémoire, devient urgent : le futur arrive vite. Les unes après les autres, toutes les prédictions et alertes des scientifiques et des penseurs de l'écologie politique sont hélas confirmées et s'invitent dans nos paysages, nos quotidiens, nos rythmes et nos habitudes qui en sont percutés. Nos vies sont en train d'être irrémédiablement impactées ; elles ne seront plus jamais les mêmes. Et, de toute évidence, le niveau de déflagration ne sera pas le même sur des modes de vie financiarisés, ultraconnectés et habitués aux privilèges, et sur ceux qui se passent déjà du progrès moderne ou ne l'ont jamais vu arriver.

Aux confins de l'Inde, on ne peut s'empêcher de penser que les pénuries à venir de ressources finies y seront moins critiques quant à leurs effets sur l'organisation sociale – si ce n'est pour le smartphone, décidément le machin le plus universel du monde. Même Fanta, la télévision et les affiches de publicité ne sont pas arrivées jusqu'aux Jawadhu Hills. De là à y voir le potentiel d'esprits libres, il y a un pas que franchit allègrement un commissaire, « homme franc », cité par Arundhati Roy dans l'article « Walking with the comrades » :

> « Vous voyez m'dame, pour parler franchement, ce problème ne peut pas être résolu par nous, policiers et militaires. Le problème avec ces tribaux, c'est qu'ils ne comprennent pas l'avidité. À moins qu'ils ne deviennent gourmands, il n'y a aucun espoir pour nous. J'ai dit à mon chef, enlevez la force, et à la place, mettez une TV dans chaque maison. Tout se réglera automatiquement. »

22.

Une discussion intéressante se noue un soir à Pondichéry. C'est la clôture du festival sur les systèmes d'alimentation locale auquel j'ai participé dans les Hills, organisé dans le cadre de l'année mondiale du mil des Nations unies. Nous sommes dans les jardins du consulat général de France. Je reviens à peine des montagnes et tout me semble lunaire. Au fond du jardin, sur une scène installée pour la remise des brevets du lycée français, une danseuse indienne se déhanche sur *Ma philosophie* d'Amel Bent. Des plats à base de millet biologique sont servis dans des feuilles de bananier pendant que des serveurs tirés à quatre épingles promènent des plateaux couverts de verres à pied, parcimonieusement remplis de précieux vins d'importation français. On est samedi soir. De l'autre côté du muret d'enceinte, des familles entières ont investi le front de mer; les eaux du Bengale bordent le « monument aux morts pour la patrie » de l'ancien comptoir français.

En retrait des festivités, je discute *modernité* avec trois militants associatifs des Hills. Alors que je leur confie mon étonnement d'avoir découvert cet endroit hors du temps, mes interlocuteurs me disent que le territoire a pourtant déjà beaucoup changé. Ils déplorent l'arrivée des écrans et de la *junk food*; ils me parlent de cas d'anémie. Je m'ouvre plus ouvertement de mes critiques sur l'escalade technologique, mais je les sens dubitatifs. Je les interroge alors sur les bienfaits de la modernité dans les Hills. Après un petit moment de réflexion, l'un d'eux me répond que grâce au numérique, les médecins peuvent se tenir au courant des dernières avancées en matière de santé. Les gens seraient-ils donc en meilleure santé qu'avant dans les Hills ? Les trois répondent par la négative en souriant.

Eux qui ont traversé les vingt dernières années sur place voient dans les Hills un mode de vie en train de disparaître, quand mon regard d'Occidentale me donne à voir un lieu étonnamment préservé. Parfois l'amnésie sociale et environnementale n'est pas que générationnelle, elle est aussi géographique et culturelle.

Bien sûr je n'y vis pas, je n'en ai eu qu'un très bref aperçu, et je résiste de toutes mes forces à la tentation, sous le charme de l'exotisme, de romantiser la misère. Mais j'y ai vu des enfants scolarisés, souriants et ne cherchant pas à quémander de la nourriture ou de l'argent, comme c'est le cas dans les rues de Delhi. Je n'ai pas vu de signes de sous-alimentation ; les saris même usés sont d'une propreté tout bonnement incroyable quand on sait les conditions rudimentaires et la difficulté à simplement faire sa toilette. Cela ne fait pas tout, et si les femmes que j'ai rencontrées ici s'organisent et se déplacent librement, cela ne me fait pas oublier que les rapports sur la condition des femmes en Inde sont terrifiants.

Cela ne gomme pas non plus les autres difficultés que rencontrent les Hills, à commencer par le climat et les saisons, non pas la sèche et l'humide, mais comme le disent volontiers les gens d'ici les *trois* saisons du sud de l'Inde : chaud, très chaud et trop chaud. Le problème des *migrations* a ainsi été évoqué à plusieurs reprises : les paysans les plus pauvres doivent partir à la saison sèche. Ceux qui ont la chance de posséder une pompe peuvent alterner la culture du millet à la saison des pluies et celle du riz le reste de l'année sur de petites parcelles décaissées et inondées, dont la couche supérieure est ensuite utilisée à la fabrication de briques. Mais pour les autres, dépendants de la pluie, la saison sèche est synonyme de déplacement contraint pour aller travailler plus loin, souvent au Kerala voisin.

Je n'y étais pas pendant la période de la mousson. Je n'en connais pas la puissance et je me demande comment résistent les toits de palme, comment se comporte la terre transformée en boue, je n'ai aucune idée de l'organisation qui s'installe alors.

Je sais bien qu'il n'existe ni paradis perdu ni Éden païen, sur Terre comme au ciel. Mais au moins dans les Hills se tient-on encore loin de nombre des fléaux de l'enfer moderne.

23.

La première semaine à Delhi, riche en rencontres humaines et littéraires, m'avait enchantée mais aussi épuisée. Le choc thermique, l'explosion de couleurs, la découverte, le bruit, la foule, la pollution, l'urgence de la surprise et un rythme soutenu – j'avais tenu à profiter de toutes les visites et activités proposées – m'avaient séchée. Nous étions pourtant accueillies et logées dans les conditions princières d'un grand hôtel dans la partie sud et chic de la ville où tout était de taille spectaculaire : le lit, les draps de bain que nul n'aurait pu confondre avec une bête serviette de toilette, les dimensions de la chambre elle-même, tout était grand. Je résidais au dernier étage et avais la chance d'avoir une baie vitrée et une terrasse qui s'ouvrait sur la canopée de New Delhi. Tous les matins, je sortais avec mon Nescafé retrouver les tourterelles qui venaient me rendre visite. Je ne sortais néanmoins qu'avec prudence, après avoir jeté un œil depuis l'intérieur. Une éditrice de la délégation avait eu la mauvaise surprise de se trouver nez à nez avec un gros singe peu amène le lendemain de notre arrivée, et ceux-ci étaient réputés agressifs et chapardeurs. Une chambre avait même paraît-il été mise à sac après qu'un client imprudent avait laissé ses fenêtres ouvertes. Je faisais donc attention tout en espérant la rencontre, mais elle n'est pas arrivée.

Après ces conditions luxueuses qui nous avaient mises mal à l'aise autant qu'elles nous avaient réjouies, j'étais folle de joie à l'idée de partir dans les Jawadhu Hills. À vrai dire, je n'avais pas d'idée précise de ce dans quoi je m'aventurais, mais j'étais décidée à tout saisir et à m'adapter à ce qui se passerait.

C'était l'occasion de me rattraper, je me sentais un peu piteuse d'être partie sans aucun sens de la baroude. J'avais planifié mes déplacements à l'avance et sans prendre plus de risques que celui de l'Inde. Lors de mes voyages passés, je m'étais montrée plus aventureuse, partant au Japon ou en Argentine avec seulement une nuit d'avance, embarquant mon fils de huit ans dans une épopée haute en couleur en Équateur, où nous débarquâmes d'un car au milieu des Andes avec pour toute indication un nom inscrit sur un bout de papier – sans parler un mot d'espagnol et encore moins de quechua. Cette fois, je n'avais pas eu envie de ça, j'aspirais à un minimum de sérénité et tenais à m'épargner tout stress esquivable. J'avais donc renoncé aux trente-huit heures de train entre Delhi et Chennai, pour lequel je n'avais réussi à trouver aucune photo de l'intérieur du train, seulement des wagons fatigués aux fenêtres grillagées et quelques déraillements spectaculaires. Les compartiments pour dames n'existaient visiblement que dans les classes dites inférieures et tous les commentaires écumaient de colère à propos de toilettes bouchées. Je me vis prise de diarrhée, seule Occidentale égarée au milieu d'hommes squattant des toilettes débordées et retenant mon souffle la nuit. J'aurais peut-être tenté ma chance pour quelques heures, pour deux jours cela me sembla inutilement ravageur.

Les Jawadhu Hills vinrent donc à point nommé pour me sortir des sentiers battus. J'y étais accompagnée de personnes plus expérimentées que moi, qui furent des mines d'informations et d'acclimatation. Ce fut plus facile, avec elles, d'aller le matin dans une échoppe à thé, de manger dès la première fois correctement – avec les doigts de la main droite –, de comprendre sans paraître trop surprise que le robinet des W.-C. serait ma douche pour les jours à venir, et plus globalement de tenter de saisir ce qui se passait autour de moi.

Je me sentais intimidée, encombrée de maladresse et d'ignorance. J'avais parfois l'impression que les Indiens me regardaient de travers et je ne leur donnais pas tort. Jusqu'à ce qu'un soir, à la nuit tombée, alors que je sortais fumer sur le toit-terrasse, j'eus la surprise de distinguer dans le noir des silhouettes accroupies qui m'appelaient, faiblement éclairées par un téléphone dont l'œil torche avait été posé sur un gobelet. Les hommes de notre équipe sirotaient discrètement des bières en mangeant des pastèques. Cela ne leur posa aucun souci que je vienne m'asseoir avec eux, ils insistèrent pour que je partage une bière et la cigarette soudain n'était plus un problème. La parole était libre et je fis face à une avalanche de questions sur la politique française et mon expérience d'élue. Avec la pénombre, on avait changé de monde.

Jane Austen, au début de *Raison et sentiments*, évoque « cet appétit de bonheur qui est le bonheur même ». C'est là que j'étais. Enchantée et avide de tout, absorbant comme un papier buvard les couleurs, la langue, les cris des oiseaux, les variations de lumière sur le village, les scènes de vie et les paysages. Aimant à la folie des choses que j'avais toujours détestées, la foule, la chaleur et l'humidité. Voulant tout embrasser.

24.

Quand elle ne dure que quelques jours – quand on *sait* qu'elle ne va durer que quelques jours, l'expérience du dépouillement ne peut mener à rien de conclusif. Elle soulève néanmoins de bonnes questions. Les Hills m'ont ramenée à la première d'entre elles, la plus essentielle, celle qui n'en finit pas de revenir en boucle sans jamais atterrir, la question du siècle : de quoi avons-nous besoin ?

Parmi les livres que j'ai emportés, le roman de Barbara Kingsolver était un intrus dont je pensais qu'il n'aurait rien à voir avec l'Inde. Est-ce le magnétisme du sujet, qui attire tout à lui comme un aimant ? *Les Yeux dans les arbres*, qui se déroule au Congo, m'a parlé à chaque page. On y suit la vie de quatre filles et de leur mère, embarquées à la fin des années 1950 par le père missionnaire dans un village de la jungle tropicale. De véritables confins, éloignés de tout et singulièrement de l'existence à laquelle la famille était habituée aux États-Unis. Dans la seconde moitié du livre, les filles sont devenues adultes, la mère est rentrée en Géorgie avec l'une d'entre elles, Adah. Cette dernière accueille sa sœur Leah, venue du Congo avec son mari et son enfant.

> « Quand je vais avec eux chez l'épicier, ils sont, je pense, perdus, affolés et un peu méprisants. Et il y a de quoi. Je me souviens comment c'était au début : ces entrepôts éblouissants, bourdonnants de lumières, où des rayons entiers n'avaient d'autre ambition que de proposer de la laque pour les cheveux, de la pâte à blanchir les dents et des talcs pour les pieds.
>
> — Qu'est-ce que c'est que ça, tante Adah ? Et ça ? demande leur petit Pascal avec de grands yeux,

montrant du doigt dans les travées un pot de crème rose pour éliminer les poils, une bombe parfumée à vaporiser sur la moquette, des piles de récipients fermés par des couvercles de la même taille que les pots que nous jetons tous les jours.

— Ce sont des choses dont les gens n'ont pas besoin.

— Mais tante Adah, comment se fait-il qu'il y ait tant de choses dont les gens n'ont pas vraiment besoin ?

Je ne trouve aucune réponse digne de ce nom. Pourquoi certains d'entre nous délibèrent-ils entre des marques de dentifrice pendant que d'autres hésitent entre la gadoue et la poussière d'os pour calmer le feu d'une muqueuse d'estomac vide ? »

Au moment de cet échange, nous sommes page 547 et je connais chacune des filles personnellement ; j'ai déjà tout un vécu commun avec elles. Nous avons traversé ensemble une invasion de fourmis rouges jusque dans la bouche comme un fleuve de feu, survécu à la sécheresse et à la faim, connu la malaria et les démangeaisons des filaires, redouté les pluies qui amènent la diarrhée et font mourir les enfants, les tarentules cachées dans les régimes de bananes et le terrible mambo, un serpent vert mortel qui se fond dans les arbres. Parvenus à la 547e page, après avoir survécu à tout ça et comme sortant soi-même de la jungle, on ne peut que ressentir pleinement l'insanité des talcs pour les pieds.

Ce vécu commun, conjugué au regard neuf et candide du jeune Pascal, agit comme un miroir grossissant sur les travers de nos sociétés. Parce que soudainement on les redécouvre, non plus à travers ses propres yeux habitués, mais comme Pascal les voit, interloqué. Le roman se fait *moment perspectiviste* en nous faisant effectuer un pas de côté et en nous amenant à examiner la situation sous un autre angle, avec une autre *perspective*. Il vient modifier la perception d'Adah – et la nôtre : je gage que personne, après avoir lu *Les Yeux dans les arbres*, ne pourra jamais plus acheter du talc pour les pieds.

Ursula K. Le Guin a utilisé ce procédé de manière assez redoutable dans son roman *Les Dépossédés*. Elle nous y offre un effet loupe tétanisant de la planète Urras, qui ressemble furieusement à la Terre. Une mise en perspective d'autant plus efficace qu'elle nous la fait voir par les yeux d'un profane, là aussi. Shevek le communaliste vient de la lune Anarres, caillou aride sur lequel ne vivent que des poissons, des vers, et 20 millions d'anciens insurgés. Il découvre, à la quarantaine, un monde qui lui est totalement inconnu. Voir, à travers ses yeux, le modèle de croissance économique par dégradation en marche, s'étonner de travers capitalistes qui n'ont pas imprégné son esprit depuis l'enfance, suffoquer avec lui à en vouloir se cacher les yeux devant les magasins dégorgeant de taille-crayons électriques ou de manteaux de fourrure coûteux, redécouvrir l'existence du sèche-cheveux, du vêtement pour dormir et de la chasse d'eau potable, tout cela a quelque chose de puissamment réconfortant : voilà enfin un ami, pour qui le monde ne va pas de soi et qui est saisi du même sentiment profond d'absurdité à nous voir vivre ainsi.

J'ai prêté ces pensées à la narratrice de *La Sauvagière* :

> « La surabondance des rayons des supermarchés me déclenchait des crises d'angoisse, les salles de cinéma m'étouffaient et l'odeur du kérosène me donnait envie de vomir. »

Le choix de quitter Paris, il y a quinze ans, s'est accompagné pour moi d'un indescriptible soulagement que je n'avais pas anticipé : celui de ne plus être incessamment bombardée de publicités, d'injonctions à l'achat, d'affiches en tout genre et de salves d'informations dans l'espace public. Il m'aura fallu m'en extraire pour que je réalise à quel point cela me pesait. Aujourd'hui, à l'épicerie coopérative, il n'y a que deux marques par produit – une plus exigeante et une plus abordable, toutes deux sélectionnées pour leur impact social et environnemental. C'est d'un repos infini.

25.

Je me souviens de retours douloureux de Syrie. Il m'a fallu à chaque fois des jours pour réatterrir dans nos sociétés modernes. Je trouvais tout indécent et inconvenant. Les vitrines des magasins, la climatisation dans le TGV, l'absurdité totale d'avoir à choisir entre plusieurs marques de brosse à dents et l'eau coulant du robinet – même les tenues des jeunes femmes, qui ne m'avaient jamais choquée avant, me heurtaient les yeux. J'en ai été passablement perturbée et cela m'a donné beaucoup à réfléchir sur le choc de celles et ceux qui, venant d'ailleurs, débarquent en France et sur ce que cela peut produire en eux.

Ces *moments perspectivistes*, qu'ils soient activés par un voyage ou par une lecture, sont déroutants mais ils sont salutaires. Ils développent la capacité à comprendre d'autres points de vue que le sien ou, du moins, faute de comprendre, à toucher du doigt la multiplicité des rapports au monde et à accepter la relativité de nos perceptions. Le réel n'est pas un. Et on ne perd jamais en humanité à se mettre dans la peau de l'autre.

La fiction peut nous y aider, c'est le lieu par excellence de tous les possibles ; saisissons-nous-en comme d'un terrain d'expérimentation. Tout n'a pas été écrit : tant que de l'inédit surgit, il reste de la place pour la création. Les mutations du monde nous obligent à repenser le fond comme la forme de nos récits. Il y a des sujets à traiter qui ne l'ont pas été par le passé, des questions qu'on ne s'était jamais posées, de nouveaux enjeux dont il faut s'emparer. Il y a des arcs littéraires à inventer qui ne suivent pas les schémas narratifs classiques et s'affranchissent du syndrome de la grande quête. On doit pouvoir brûler les étapes sans attendre le dénouement. On doit pouvoir brouiller les frontières.

Une tribune collective d'autrices et d'auteurs, de poètes et de dramaturges, invitait en 2018, à l'initiative d'Aurélien Delsaux, de Sophie Divry et de Denis Michelis, à dépasser les « formes de romans archi-rebattues » qui empêchent « de se lancer dans l'invention de nouvelles formes d'écriture et d'exprimer la sensibilité contemporaine » :

> « faire une narration ne suffit pas à faire un roman. Le roman, c'est une voix, un style, ce sont des symboles, des métaphores, une cohérence artistique. Le roman est l'art du mensonge, de l'artifice, de l'imaginaire ; le roman est la recherche d'une forme sensible qui dira le réel d'une manière médiate et non immédiate, d'une manière originale et non simplement individuelle. [...] Nous voulons écrire ce qui n'a pas encore été écrit, ce qui attend d'être compris, mis en mots. Il y a urgence. [...] Pour nous, la fiction déplace la réalité : elle a cette double force de mouvoir notre regard sur le monde, et de nous émouvoir. Certes, cela donne souvent des livres déroutants. Mais peut-être que, pour dire notre époque monstrueuse, il faut des romans monstrueux ».

J'ai redécouvert cette tribune après avoir publié mon roman *La Sauvagière*. Dans ce cas précis, c'est le fond qui m'a inspiré la forme. Il s'agissait pour moi de questionner ce qu'on appelle *normalité* et notre rapport au monde. La structure ne pouvait être bordée par des codes rigides et statiques, elle devait pouvoir couler, onduler et se mouvoir de manière fluide au gré d'un monologue intérieur, à l'instar des rêves et de la folie qui possèdent leurs propres logiques. Elle devait pouvoir court-circuiter le conscient, comme l'a formulé Ursula K. Le Guin :

> « Les grandes histoires, les mythes, les contes de fées sont vraiment comme les rêves : ils parlent de l'inconscient à l'inconscient, dans la langue de l'inconscient – par symboles et archétypes. Bien qu'ils utilisent des mots, ils fonctionnent comme la musique : en court-circuitant le raisonnement verbal pour aller directement aux pensées qui nichent trop profondément pour être prononcées. »

Tout au long de l'écriture, j'avais conscience de son caractère déroutant pour des personnes habituées au roman classique. Des libraires ont évoqué, à son propos, un *roman du trouble*, dans lequel la lectrice ou le lecteur doit accepter que des choses puissent lui échapper. L'absence de frontière entre le réel et le délire, la fin qui n'en est pas tout à fait une, les différentes interprétations possibles, tout ceci a de quoi déstabiliser. C'était mon intention : quand le réel se fait déroutant, pourquoi la littérature ne s'en ferait-elle pas l'écho ?

Nous sommes, je crois, entrés dans une ère où ce que nous tenions pour acquis, la réalité, la normalité, les statuts sociaux et l'économie, sont en train de vaciller. Un *retour du temps du mythe*, comme l'ont titré Baptiste Morizot et Nastassja Martin, « où sont remis en jeu les statuts et les relations ». Pour qui fait œuvre de fiction, ces renversements sont un défi grandiose et nous ne manquons pas d'éléments : la matière romanesque que nous fournit l'ethnographie est sidérante. Songez qu'en Sibérie, on parle d'êtres d'apparence humaine qui laissent des empreintes de rennes sur le sol. En Alaska, les Gwich'in communiquent avec les animaux grâce au rêve. Dans la mythologie estonienne, les humains parlent la même langue que les serpents. En Amérique du Sud, chez les Achuar, les iwianch, des « morts inaccomplis », errent dans la forêt et kidnappent des enfants pour combattre l'ennui. Quel écrivain peut résister à cela ?

Je crois de plus en plus que nous devons nous entraîner à *habiter le trouble* comme l'a formulé Donna Haraway, c'est-à-dire à tenir « pour acquis que les modes d'ordre établis se sont effondrés ou sont en voie d'effondrement, et qu'il devient à la fois urgent et possible d'envisager autre chose ». Vivre dans un monde en train de disparaître sans savoir ce qui va émerger n'est pas simple, mais il ne tient qu'à nous de nous ouvrir à d'autres géographies, d'autres cultures, à toucher aux confins civilisationnels pour imaginer « des façons plus florissantes, plus robustes, moins meurtrières de vivre les uns avec les autres », ailleurs, quand notre propre réalité nous fait défaut.

J'ai découvert récemment qu'il existe en littérature un procédé dit *du narrateur non fiable*. Le narrateur ou la narratrice y voit sa crédibilité compromise, c'est-à-dire qu'on a des raisons objectives de ne plus se fier aveuglément à ce qu'il ou elle raconte. Ce manque de fiabilité doit également jouer un rôle déterminant dans la lecture du roman. Face à un narrateur non fiable, on doit « garder la même prudence ou suspicion face au dispositif narratif que face à tout ce qu'il lit ou entend au quotidien : il en résulte une lecture rendue plus active par le maintien d'un certain scepticisme de la part du lecteur ». J'en retiens qu'il est donc possible, par des romans déconcertants, de combiner développement de l'esprit critique et apprivoisement du trouble, ce qui n'est certainement pas superflu par les temps qui courent.

26.

J'ai achevé hier avec beaucoup de tristesse *Le Pays des marées* d'Amitav Ghosh, dont j'ai ralenti la lecture au fur et à mesure que j'approchais des dernières pages pour la prolonger autant que je le pouvais. Je l'avais aimé il y a quinze ans ; cette fois je l'ai adoré. La différence tient sans doute à des subtilités qui m'avaient échappé lors de ma première lecture. Je m'étais alors focalisée sur l'univers romanesque : l'atmosphère trouble de la mangrove des Sundarbans, les dauphins qui s'éteignent, les pêcheurs et les barques rudimentaires, l'amour, les drames et les tigres. C'était déjà merveilleux et j'étais pourtant passée à côté de tant de choses. *Le Pays des marées* a été écrit il y a vingt ans et tout y est.

Au fil des pages, Amitav Ghosh dépeint l'impermanence de la mousson et des marées comme en écho au dérèglement climatique. Il raconte l'utopie des coopératives rurales de sir Daniel Mackinnon

Hamilton, arrivé d'Écosse à 20 ans, qui deviendra un proche de Rabindranath Tagore. Il évoque, sans jamais céder au ton professoral, mille sujets politiques, des luttes villageoises contre la corruption au nationalisme. Mais ce qui m'a particulièrement marquée est la manière dont il aborde la question de la protection de la faune lorsqu'elle s'exerce au détriment des habitantes et habitants, et comment il démonte avec finesse, bien avant qu'on ne parle de « colonialisme vert », le mythe d'une harmonie primordiale entre peuples indigènes et nature sauvage. Loin de tout manichéisme, Amitav Ghosh s'y prend très intelligemment en nous amenant à adopter successivement les points de vue des différents personnages auxquels il a su nous attacher – et que nous avons donc tous envie d'approuver : Piya, cétologue américaine d'origine indienne, horrifiée par la mise à feu d'un tigre piégé dans une hutte et aveuglé par des piques de bambou affûtées ; Kanai, jeune homme ambitieux venu de Calcutta, qui lui rappelle, pragmatique, que les tigres tuent des villageois chaque jour ; et enfin Kusum, qui, parmi les hindous de caste inférieure réfugiés en pleine réserve naturelle sur l'île de Marichjhapi, assiégés, affamés, massacrés, témoigne ainsi :

> « Saar, le pire n'a pas été la faim ni la soif, mais de rester ici, impuissants, et d'entendre les policiers lancer leurs avertissements, les entendre répéter que nos vies, notre existence, valaient moins que la poussière ou la saleté. "Cette île doit être sauvée à cause de ses arbres,

disaient-ils, elle doit être sauvée à cause de ses animaux, elle fait partie d'une réserve forestière, elle appartient à un projet visant à protéger les tigres, financé par des gens venus du monde entier." Chaque jour, enfermés ici, la faim nous tenaillant le ventre, nous entendions ces mots, répétés sans cesse. Qui sont ces gens, me demandai-je, qui aiment tant les animaux qu'ils sont prêts à nous tuer nous pour les sauver ? Savent-ils ce qu'on commet en leur nom ? [...] il me semblait que le monde entier était devenu un univers d'animaux et que notre faute, notre crime, était de n'être que des humains, essayant de vivre comme les humains l'ont toujours fait, de l'eau et du sol. Aucun être humain ne peut penser que ceci est un crime, à moins d'avoir oublié que c'est ainsi que tous les hommes ont toujours vécu – en pêchant, en défrichant et en semant la terre. »

J'étais retournée par sa tirade. Et pourtant, le talent d'Amitav Ghosh aura été de me faire osciller à chaque nouveau point de vue énoncé. Je ne pus en effet résister quand Piya rétorqua à Kanai :

« Supposez un instant que nous franchissions cette ligne imaginaire qui nous empêche de décider qu'aucune autre espèce n'a d'importance à part la nôtre. Que resterait-il alors ? Ne sommes-nous pas déjà suffisamment seuls dans l'univers ? Et pensez-vous que ça s'arrêterait là ? Une fois qu'on décide de tuer d'autres espèces, c'est le tour des gens, précisément ceux auxquels vous pensez, des gens pauvres qu'on ne remarque pas. »

Depuis, je suis intimement convaincue que Piya a lu la *Lettre à l'éléphant* de Romain Gary, dans laquelle il écrivait en mars 1968 :

> « Il semble évident aujourd'hui que nous nous sommes comportés tout simplement envers d'autres espèces, et la vôtre en particulier, comme nous sommes sur le point de le faire envers nous-mêmes. [...] Si nous cessons de détruire les éléphants et les empêchons de disparaître, peut-être réussirons-nous également à protéger notre propre espèce contre nos entreprises d'extermination. »

Il concluait, comme pour prévenir tout procès en néocolonialisme :

> « Au cours de milliers d'années, on vous a chassés pour votre viande et votre ivoire, mais c'est l'homme civilisé qui a eu l'idée de vous tuer pour son plaisir et faire de vous un trophée. »

27.

Il n'est pas aisé de s'emparer du réel, au-delà du registre de l'autofiction ou d'un roman social qui n'en serait que le reflet. Y mêler des questions politiques est encore plus délicat, et faire passer une idéologie pour un roman est toujours raté. Car l'idéologie, en tant que système prédéfini d'idées à partir duquel on filtre et analyse la réalité, se situe aux antipodes de la fonction hétérodoxe de la fiction, c'est-à-dire de sa capacité à décadrer la pensée, à bousculer les certitudes et à privilégier une perception sensible de la réalité. En tant que lectrice, je déteste ce moment où m'apparaît que toute l'histoire n'était là que pour enrober une thèse et qu'on m'a fallacieusement vendu un tract pour un roman. *Le Pays des marées*, à l'inverse, ne nous souffle jamais ce qu'il faut penser, mais s'efforce de nous donner des clés de compréhension variées, de nous exposer à différentes sensibilités, afin que chacune et chacun puisse se forger sa propre idée.

Il nous faut trouver de nouvelles manières littéraires susceptibles de percuter sans chercher à convaincre, et déjouer le didactisme qui veut à tout prix expliquer et instruire. Peut-être faudrait-il aller jusqu'à s'imposer comme contrainte de proscrire l'usage de certains mots afin de renouveler le genre. Écologie, capitalisme, croissance, nature, social, climat, peuple, vert, environnement, progrès, révolution, biodiversité, démocratie : la plupart d'entre eux ne manquerait à personne tant ils ont été dévoyés et usés jusqu'à la lie. Mais notre meilleure botte est sans doute de miser sur la capacité du sensible à *affecter*.

En littérature, c'est l'empathie qui amène à la réflexion et non l'inverse. Vous pouvez développer l'argumentaire le plus serré qui soit dans un livre, je doute fort que cela fasse changer quiconque d'avis. En revanche, donnez-nous un personnage à chérir, faites-nous partager son intimité, ses émois, ses douleurs et ses joies, et il nous sera bien plus aisé de prendre en compte son point de vue, à défaut de le partager. Bien sûr, cela ne doit pas remplacer le travail de décryptage qui est réalisé par ailleurs, nous aurons toujours besoin d'informations et d'analyses rigoureuses, c'est primordial. Mais cela ne suffit pas et je ne crois pas que ce soit à cet endroit que la fiction a le plus d'atouts à jouer. Plutôt que de transmettre des informations, il me semble qu'elle doit se faire alchimiste et les transmuter. Le roman possède ce pouvoir de changer l'information cérébrale en une réalité incarnée, qui se fait sensorielle et matérielle au contact des personnages que l'on voit vivre au quotidien, avec lesquels on *vit* au quotidien. Des personnes que l'on écoute attentivement quand elles s'adressent à nous, parce qu'on les connaît.

Dans *Les Yeux dans les arbres*, la sœur restée au Congo, Leah, écoute un jour son époux Anatole lui conter un pays d'avant l'exploitation des diamants et des minerais, lui parler d'un rêve dans lequel les Portugais n'ont pas accosté cinq cents ans plus tôt, l'utopie d'un temps où les peuples « confectionnaient des tissus remarquables en battant l'écorce fibreuse de certains arbres ou en tissant du fil obtenu à partir du palmier à raphia ».

> « Avec de l'acajou et de l'ébène, ils sculptaient et fabriquaient des meubles pour leurs foyers. Ils fondaient et forgeaient le minerai de fer en armes, socs de charrue, flûtes et bijoux délicats. [...] Toutes les récoltes étaient consommées pratiquement là où on les cultivait. Aucune ville, aucune plantation géante et aucune route n'étaient donc indispensables dans l'acheminement des denrées des uns vers les autres.

Le royaume était réuni par des milliers de kilomètres de sentiers qui traversaient la forêt, et par des ponts suspendus faits de lianes tressées qui se balançaient paisiblement au-dessus des rivières. »

Dans une brume de délire liée à la malaria, Leah écoute Anatole et le questionne :

« Que se passe-t-il lorsque nous arrivons près de la rivière ?

— Nous la traversons, bien sûr.

— Aussi facilement que ça ! Et que se passe-t-il si le bac est en panne, privé de batterie, de l'autre côté ?

— Au royaume du Kongo, Béene, pas de batteries. Pas de camions, pas de routes. Ils ont refusé d'inventer la roue parce qu'elle n'aurait rien apporté d'autre que des ennuis dans cette boue.

— Mais alors, qu'arrive-t-il si c'est un grand fleuve comme le Congo, si large qu'aucune liane n'est assez longue pour le traverser ?

— C'est simple, dit-il. Il ne faut pas le traverser. »

C'est simple, il ne faut pas. Cette phrase est d'une efficacité imparable. Elle clame avec une tranquille évidence qu'il est parfois préférable de *ne pas*. Refuser ce qui est présenté sous les atours du progrès peut paraître fou aujourd'hui, c'est pourtant déjà arrivé.

Les Aztèques, alors qu'ils en connaissaient l'existence, décidèrent de ne pas utiliser la roue. Les cavaliers indiens d'Amérique du Nord ne voulurent pas de l'étrier. Les Chinois choisirent de ne pas exploiter le charbon alors qu'ils maîtrisaient les techniques d'extraction. Le *wuwei*, dans le taoïsme, est d'ailleurs composé de deux idéogrammes : le rien et la volonté. Et on sait à quel point il faut beaucoup de volonté pour revendiquer davantage de rien. Il se traduit généralement par *non-agir* ou *non-intervention*, mais cela ne signifie pas pour autant rester les bras croisés en rejetant toute nouveauté, simplement de faire des choix éclairés et de ne pas forcer le cours des choses. Se fixer des limites, distinguer ce qui relève du progrès vers une vie bonne et décente de ce qui nous aliène, savoir *ne pas* est un art de vivre au quotidien. Et je ne peux m'empêcher de penser que Bartleby devait être chinois.

Décliner l'usage de ce dont on n'a pas besoin, discerner parmi les technologies celles qui risquent de faire plus de mal que de bien, voilà qui manque cruellement à notre époque où l'on a oublié que parfois ne pas nuire vaut mieux qu'agir. Il y aurait pourtant un nombre incalculable d'applications pratiques du *wuwei*, de la géo-ingénierie à l'intelligence artificielle, tant de cas où il serait bon que l'espèce humaine sache se retenir.

Ces réflexions m'entraînent inéluctablement vers une des phrases les plus foudroyantes d'Albert Camus, criée par Cormery dans *Le Premier Homme* : « Non, un homme ça s'empêche. » Le contexte est différent, Cormery s'exprime en réaction à un crime terrible. Mais ces quelques mots n'en finissent pas de tournoyer en moi. Un homme, ça s'empêche.

28.

Le petit musée de Pondichéry recèle quantité de trésors sous ses airs délabrés. Dès l'entrée sont exposées des pièces de bois pétrifié, âgées selon l'écriteau de vingt millions d'années. Le temps que cette information pénètre mon cerveau, je reviens sur mes pas. Vingt millions d'années, c'est bien ce qui est noté. Et ce bois, après tout ce temps, est là. Je brûle d'y faire glisser mes doigts ; il est interdit d'y toucher. Je m'approche autant que possible sans alarmer les gardiens, les mains dans les poches en gage de bonne volonté. Les veinures minérales, l'écorce grignotée, les éraflures et le chemin sinueux tracé par les insectes xylophages, chaque détail microscopique est resté intact grâce à l'enfouissement millénaire du bois. L'illusion est saisissante, on jurerait qu'il est encore vivant. J'éprouve la même tendresse respectueuse qu'en empruntant des sentiers de montagne formés par des muletiers longtemps avant les routes bitumées, ou en découvrant des murets en pierre sèche envahis par la végétation depuis des années. J'essaye de m'imaginer l'arbre que ce bois minéralisé a été. Mais vingt millions d'années… c'est incommensurable.

À l'étage du musée, situé dans un ancien bâtiment colonial, je vois pour la première fois de ma vie un palanquin, avec ses deux barres destinées aux porteurs dépassant à l'avant et à l'arrière. Ça me paraît tellement incroyable qu'on ait pu accepter de se faire transporter ainsi. Juste à côté, un pousse-pousse est exposé. Je réalise, je n'y avais jamais songé, qu'il y avait *vraiment* quelqu'un pour pousser aveuglément à l'arrière, pendant que le conducteur se contentait depuis son siège d'actionner un levier pour orienter le véhicule. Les esclaves énergétiques du passé, dans un ancien comptoir français.

Redescendant au rez-de-chaussée, au rayon vestiges archéologiques et fossiles, je m'attarde devant une carte étrange que je n'avais jamais vue avant. Je prends mon temps, d'autant plus volontiers que l'endroit est calme et ventilé. Il s'agit d'une représentation du supercontinent Gondwana, qui s'est formé il y a six cents millions d'années. Le vertige devient étourdissant. Je connaissais la Pangée, le continent originel : à la Baume-Cornillane, dans la Drôme, un panneau indique fièrement « Centre de la Pangée », cela nous a toujours amusés. Mais je ne connaissais pas le Gondwana, plus ancien, qui a regroupé l'équivalent de l'Inde, de Madagascar, de l'Amérique du Sud, de l'Australie, de l'Afrique et de l'Antarctique. C'est évidemment difficile à imaginer aujourd'hui, mais chacune de ces zones ne faisaient qu'une et partageaient alors une faune et une flore communes, dont il subsiste sans doute des traces aujourd'hui. Moi qui m'en voulais un peu d'avoir mélangé les espèces tropicales de différents continents dans l'Oasis de *Là où le feu et l'ours*, je suis ravie d'y trouver une justification *a posteriori*.

Le temps long de la Terre est fascinant. Dans mon essai *Être heureux avec moins ?*, j'ai cité un épisode de la série documentaire *Une espèce à part* qui retrace la longue histoire de notre planète sous la forme d'un livre de 1 000 pages, dans lequel les dinosaures n'apparaîtraient qu'à la page 960. Mais j'ai depuis trouvé une analogie qui m'a semblé plus efficace encore. Dans *Le Dieu des petits riens* d'Arundhati Roy, l'oncle Chacko compare la Terre à une femme de 46 ans :

> « Elle en avait quarante au moment des premiers animaux, genre méduses et vers de terre. Elle avait dépassé quarante-cinq ans [...] au temps des dinosaures. Le règne de l'homme tel que nous le connaissons ne couvre que les deux dernières heures de [sa] vie »,

soit le temps qu'il leur faut, précise-t-il, pour aller en voiture jusqu'à Cochin. Il fait ensuite remarquer combien est « grandiose et mortifiante » l'idée que toute l'histoire contemporaine tient dans un seul battement de cils de cette Femme-Terre, concluant que nous ne sommes et ne serons jamais « plus qu'un pétillement au fond de son œil ».

Il y a cent quatre-vingts millions d'années, un immense morceau du supercontinent Gondwana a commencé à se détacher très lentement de l'Afrique. Ce glissement a duré quelque quarante millions d'années avant la séparation complète des deux terres, puis s'est prolongé à travers les océans. Le Gondwana a perdu Madagascar en chemin et quatre-vingt-quinze millions d'années se sont encore écoulées avant que ce gigantesque bloc mouvant ne vienne percuter l'Asie. De cette rencontre fracassante est né l'Himalaya, il y a quarante-cinq millions d'années. Cette super-île échappée du supercontinent est désormais un sous-continent, l'Inde, qui repose toujours sur une plaque tectonique qui lui est propre, distincte du reste de l'Asie. Celle-ci poursuit sa dérive vers le nord au rythme de deux centimètres par an.

Est-ce réconfortant ? La Terre est un mouvement permanent.

29.

J'ai beau m'être retirée dans les confins, je ne peux ignorer que la situation est tendue en France. Chaque jour, je suis à distance les manifestations contre la réforme des retraites, le passage en force du 49.3 et la manière dont le gouvernement s'enfonce chaque jour irrémédiablement. Je vois la répression s'annoncer pour la prochaine mobilisation contre les mégabassines ; j'ai enregistré une petite vidéo bancale de soutien depuis ma pension de Pondichéry. Je lis aussi des messages s'enthousiasmant du retour des grands mouvements sociaux, « ça frémit, ça bouillonne », je sens bien que tout le monde est excité. Mais on sait également qu'à chaque période de bascule, les franges les plus conservatrices et l'autoritarisme se tiennent en embuscade. Alors que les esprits s'échauffent et que monte la colère, rien ne permet de croire que cette période incertaine et confuse, où les repères vacillent et où la peur va aller croissant, ne verra pas ressurgir la tentation du retour à l'ordre. L'égarement des esprits, le sentiment religieux et ses incursions dans le politique s'étendent. À Perpignan vient de s'organiser une procession religieuse et politique pour faire tomber la pluie. Le plus sérieusement du monde. Je trouve ça terrifiant.

Au menu du monde qui va mal, je lis également qu'un cyclone tropical a ravagé l'Afrique australe, particulièrement au Malawi : il est tombé en six jours l'équivalent de six mois de pluies. Le cyclone s'est formé début février quelque part entre l'Indonésie et l'Australie ; ce n'était alors qu'une tempête tropicale. Puis il a traversé tout l'océan Indien jusqu'à Madagascar, retraçant à l'envers et beaucoup plus rapidement la longue traversée de l'Inde depuis le Gondwana. Un trajet de plus de 8 000 kilomètres pendant lequel il n'a cessé de gagner en puissance. Arrivé au Mozambique, il s'est enfin dégonflé. Mais c'était une feinte. Contre toute attente, il a rebroussé chemin pour aller se recharger au-dessus des eaux chaudes du canal du Mozambique, avant de revenir frapper à la mi-mars. Ce monstre est le plus long cyclone jamais enregistré. Jusqu'ici. Les scientifiques ne cessent d'alerter depuis des années et le Giec vient encore de le confirmer : les cyclones tropicaux vont gagner en intensité. Cette comète de destruction restera peut-être dans les annales comme la première d'une nouvelle ère, le signe précurseur d'un futur tourmenté dans lequel les retraites seront malheureusement devenues le cadet de nos soucis.

30.

J'ai reçu ce matin un message d'une jeune femme dont je suis en train de relire le manuscrit. Je lui apprends que je suis en Inde, elle est justement en train de lire *Le Livre de la jungle insurgée*, récit du séjour de l'anthropologue Alpa Shah auprès des révolutionnaires naxalites dans le centre de l'Inde. « Je t'imagine dans une mission secrète » écrit-elle, et cela nous fait sourire.

Arundhati Roy a elle aussi publié un récit de sa rencontre avec les naxalites dans la jungle de l'État de Chhattisgarh. Dans *Le Dieu des petits riens*, en 1997, Arundhati Roy parlait déjà des naxalites et de leurs milices paysannes qui semaient « la panique chez les bourgeois » et « obligeaient parfois des garçons de bonne famille à épouser les domestiques qu'ils avaient mises enceintes ». Son héros Velutha, un Intouchable comme on les appelait alors, était aussi révolutionnaire ; il paiera ces deux offenses de sa vie.

Son article « Walking with the comrades » a paru en mars 2010 et lui a valu quelques ennuis. Parfois cryptique pour les non-initiés, il regorge de détails historiques et de sous-branches maoïstes. Les luttes qu'elle cite, contre un projet d'exploitation de bauxite sur un plateau montagnard et contre de grands barrages noyant les villages, sont communes à de nombreux peuples autochtones, parfois épaulés par les mouvances révolutionnaires du territoire. L'argument, invariable, est de propulser le pays dans son temps ; les barrages sont carrément qualifiés par leurs promoteurs de « temples de l'Inde moderne ». L'ambiance qu'elle y restitue m'a fait à plus d'une reprise songer aux montagnes du Qandil et aux guérilleras du PKK. Mais même moi, qui suis pourtant d'une faiblesse coupable à l'égard du romantisme révolutionnaire, je tique sur certaines formules. « Des gens qui vivent avec leurs rêves, alors que le reste du monde vit avec ses cauchemars » ? J'hésite.

Alpa Shah s'est rendue sur le terrain la même année. J'avais très envie de les imaginer là-bas toutes les deux, croisant leurs regards le soir autour d'un feu. Ce combo anthropologue-écrivaine m'aurait tellement réjouie. Mais Alpa Shah a formulé une critique sévère du texte d'Arundhati Roy.

Son texte commence par ces mots : « *Whereas once the primitive was our savage other, today the native is the bearer of an alternative future* » – « Alors qu'autrefois le primitif était notre autre sauvage, aujourd'hui l'indigène est porteur d'un avenir alternatif ». J'ai voulu y voir un signe en faveur de mon hypothèse de confins et, en effectuant quelques recherches, j'ai trouvé une formulation proche d'Arundhati Roy :

> « Le premier pas pour réimaginer un monde qui a terriblement mal tourné serait d'arrêter d'anéantir celles et ceux qui ont une imagination différente – une imagination qui se situe en dehors du capitalisme comme du communisme. Une imagination qui a une compréhension tout à fait différente de ce qui constitue le bonheur et l'épanouissement. Pour gagner cet espace philosophique, il est nécessaire d'accorder un espace physique pour la survie de celles et ceux qui peuvent sembler être les gardiens de notre passé, mais qui pourraient bien être les guides de notre avenir. »

Mais ensuite ça se gâte. Alpa Shah parle d'« éco-incarcération », ce qui n'est pas une mince affaire : Arundhati Roy enfermerait les peuples natifs dans un indigénisme intrinsèquement proche de la nature. Elle éclipserait la dimension idéologique des luttes. Or les populations autochtones, les adivasis, ne forment pas une classe sociale homogène, écrit Alpa Shah. Ils ne sont pas tous maoïstes – ni écologistes –, et les maoïstes présents dans la forêt ne sont pas tous adivasis – ni écologistes. Si les termes sont inutilement durs à mon sens, le débat de fond est intéressant. Mais le ton se fait cinglant et prend un tour plus personnel lorsqu'elle reproche au récit d'Arundhati Roy de nous en apprendre plus sur le propre romantisme de l'autrice que sur les difficultés de la vie en forêt.

Ce passage m'a mise très mal à l'aise et j'y pense depuis. S'il m'a tant chiffonnée, c'est sans doute parce que j'aurais pu en être l'objet. C'est, je le perçois clairement, une des craintes qui me tient éloignée de la littérature documentaire. Car comment écrire le monde, en particulier celui qui souffre, suffoque et se bat, depuis une situation privilégiée ? Comment, dans un monde baigné de superflu, mener une analyse fine et lucide sur la nécessité ? Peut-on en appeler à la beauté dans un monde de violence ? Et comment combattre le sentiment d'imposture ? Comment concilier lucidité et poésie, politique et esthétique, sentiment de classe et pulsions d'universalité, comment enfin écrire sur ce qu'on ne fait parfois qu'effleurer, sans l'avoir parfaitement, longuement et profondément éprouvé? En étant honnête, sans doute. En faisant de son mieux, avec humilité et complexité de l'esprit, comme en toutes choses. En se plaçant des garde-fous sur l'épaule, qui viennent vous souffler régulièrement ce à quoi vous ne voulez pas ressembler. Les journaux de Parisiens bourgeois écrivant depuis leur charmante maison de campagne pendant le confinement, par exemple, peuvent agir comme un puissant surmoi. Mais l'écriture, une fois entravée d'un tel filet de précautions et de prudences, ne perd-elle pas en sincérité?

Le désir de beauté, les envies de mots débridés, le souci même de l'éthique viennent souvent se fracasser sur la réalité sociale, le prosaïque du quotidien et *in fine* la crainte de l'indécence. C'est un souci salutaire sans aucun doute, mais aussi un brise-l'élan qui, depuis des années, me détourne de l'essai. Il me faut réunir une sacrée dose d'énergie et d'assurance avant de me lancer dans des textes revendiquant la joie militante, le romantisme révolutionnaire ou la gentillesse punk. L'exemple de Rosa Luxemburg m'aide souvent. Mais elle a fort à faire et je ne peux pas la convoquer à chaque instant.

Qu'a trahi Arundhati Roy en se rendant dans la jungle et en témoignant de ce qu'elle y avait observé et vécu, rapportant les revendications des insurgés, les contextualisant et y mettant sa propre sensibilité? Son texte fait en effet appel à la réflexivité en incluant sa propre personne dans son sujet, mais il est loin d'être autocentré. Il est bourré d'ironie, de données précises, et si certaines formules sont à l'emporte-pièce, tout militant sait que la cause politique implique parfois des raccourcis. On ne peut pas écrire une thèse à chaque fois qu'on a une idée.

La critique est tellement facile et le dénigrement si prisé dans les milieux militants que je ne dois pas être la seule, parfois, à me sentir dissuadée d'écrire sur certains sujets. Pourtant, faut-il s'empêcher d'explorer de nouveaux espaces, d'écrire ses impressions, de poser des intuitions et des sensations, de formuler des hypothèses ? Faut-il s'interdire certains thèmes ? Doit-on être spécialiste d'un sujet pour en parler ?

Rien ne peut fonctionner si seuls les universitaires peuvent écrire des essais, si les romancières sont cantonnées à raconter des histoires, si seuls les insurgés sont légitimes à parler de révolution, les pauvres de misère, les racisés de discrimination, si les déserteurs sont trop diplômés et si les écrivains ne peuvent disserter que sur la création. Ce serait en outre opérer une dissection à vif. Nul ne se situe jamais d'un seul côté et il ne peut y avoir ni exclusivité ni chasse gardée quand il s'agit de faire progresser le discernement dans nos sociétés.

Nuance, empathie, honnêteté et lucidité restent à mon sens les seules conditions. Avec ces munitions en bandoulière, on doit pouvoir écrire dignement sur tous les sujets et dans toutes les situations.

31.

J'ai encore ramassé discrètement une fleur par terre. Il est rare d'en trouver, les balayeuses de rue sont redoutables d'efficacité. J'écris fleur, mais ça ressemble plutôt à une grande chose délicate et organique tout droit sortie d'un biome extraterrestre. De la base pâle et épaisse part en s'épanouissant un panache de longues tiges souples. À leurs extrémités, les tiges prennent une teinte rosée et se terminent en minuscules paillettes dorées. C'est sans doute un des végétaux les plus curieux que j'ai tenus dans ma main. Il s'agit pourtant d'un arbre tout à fait commun dans cette région du monde. Associé aux mangroves et à l'océan Indien, il s'appelle *Barringtonia asiatica* ou, plus communément, *fish poison tree* – l'allié des pêcheurs. Ses graines peuvent survivre quinze ans ballottées par les océans.

J'ai commis l'erreur fatale d'autoriser une application à accéder à mes photos sur mon téléphone il y a quelques jours. J'ai passé deux heures à essayer de retourner en arrière, sans succès. Contre mauvaise fortune bon cœur, j'en profite donc pour identifier les végétaux qui m'entourent. Je tâtonnais jusqu'ici au jugé avec d'assez mauvais résultats. Je ne passe pas tout au crible, uniquement les plantes qui me semblent les plus étranges ou les plus belles. C'est ainsi que j'ai pu mettre un nom sur le Baobab chacal ou sur les lanternes japonaises de l'Hibiscus corail, qui sont les plus élégantes des créatures végétales.

Une chose en revanche ne lasse pas de m'inquiéter depuis mon arrivée à Delhi : l'absence d'insectes. Je ne dirais pas que je m'en plains. Pour moi, les tropiques ont toujours été synonymes d'araignées géantes, de scolopendres et de blattes en tout genre. Or à Delhi c'est à peine si j'ai vu un cafard. Y a-t-il eu une vaste opération d'éradication? Je n'ose imaginer de quelle chimie on tirerait une telle efficacité. Et que peuvent bien manger tous les oiseaux de la capitale? Une recherche rapide me rassure. Contrairement aux rouges-gorges, troglodytes mignons et autres merles, les espèces les plus représentées à Delhi, *Corvus splendens* et milans, sont aussi les plus opportunistes et les plus omnivores qui soient. Les roussettes et les perruches quant à elles sont végétariennes. Tout de même, j'ai été presque heureuse de me faire attaquer par un escadron de moustiques dès mon premier soir à Pondichéry. Mais même ici dans le Sud, à part deux ou trois lézards et quelques fourmis, je ne vois rien ramper. Je trouve ça extrêmement bizarre.

Partout en Inde, je vois des vaches et des chiens qui n'appartiennent à personne mais que tout le monde semble nourrir. On s'habitue vite à la coexistence avec ces corniauds jaunes comme des chacals qui vivent dans les rues, la plupart du temps écrasés de chaleur, indifférents, ne jappant qu'entre eux mais volant parfois leur nourriture aux *sadhus* endormis. On s'y habitue si bien que les rares fois où j'ai croisé quelqu'un ici promenant un chien en laisse, cela m'a paru totalement inconvenant. De même qu'il m'a semblé rapidement très normal de voir des représentations de divinités mi-humaines mi-animales, et des singes et des éléphants peupler les façades des temples. Jésus sur sa croix ne m'a jamais paru aussi triste.

À la fin de mon intervention à l'Université de Delhi, j'ai reçu le plus merveilleux des compliments. Une des enseignantes m'a glissé, émue : « Vous parlez de la forêt comme une Indienne. » La forêt et les arbres ont ici une importance capitale. Les légendes font état de divinités gardiennes de la forêt et d'esprits, à l'instar de *Princesse Mononoké*, le chef-d'œuvre d'Hayao Miyazaki, et cet imaginaire culturel irrigue les luttes, l'exemple le plus connu étant celle du mouvement Chipko. En 1973, des villageoises opposées à la monoculture et à l'exploitation commerciale de leurs forêts se collèrent aux arbres en les entourant de leurs bras pour empêcher qu'ils soient coupés. Et il ne s'agissait pas d'une envolée mystique : ces arbres, c'était le bois de chauffage et le fourrage nécessaires au village ; c'était leur source de subsistance.

Le rapport au vivant et à la mort est différent en Inde, je n'ai fait que l'effleurer. Il y a de multiples raisons à cela j'en suis certaine, des conditions sanitaires – le taux de mortalité infantile pour 1 000 est de 31 en Inde contre 4 en France, et l'espérance de vie à la naissance de 67 ans contre 82 ans en France – aux motifs religieux et spirituels : le rapport au présent ne peut qu'être modifié en profondeur par la conviction qu'il y aura d'autres vies après celle-ci. Mais je suis loin d'être une spécialiste de la question. Mon propre rapport à la mort est très définitif, même si comme Vinciane Despret, qui invite dans ses travaux à imaginer ses propres rituels de deuil, je crois qu'il n'est pas toujours indispensable de trancher entre

« rationalité et enchantement ». Il me semble qu'on peut redonner, sans offenser la raison, une place singulière à l'imaginaire et aux réalités éprouvées par certaines personnes, qu'elles soient de l'ordre de la perception ou d'une construction intime et sociale. Si elles restent hermétiques à d'autres, cela ne les invalide pas pour autant.

32.

Ce matin, je me suis baignée dans le golfe du Bengale. J'aurais pu y aller juste pour le plaisir d'écrire ce nom si évocateur. Il exerce le même type de pouvoir sur moi qu'un autre terme dont la polysémie m'a toujours enchantée, le sublime *pacifique*. « Droit jusqu'au Pacifique, sans drame au fond de soi » est sans doute une des phrases que j'ai le plus utilisée en dédicace, une invitation à se projeter dans un avenir moins guerrier comme à effectuer ses propres choix. Éviter regrets comme remords, ce qu'on n'a pas fait et ce qu'on n'aurait pas dû faire, c'est ce qu'a tenté Bernard Moitessier. Ce navigateur, qui a inspiré de nombreux passages de *Plutôt couler en beauté que flotter sans grâce*, était en passe de remporter la première course autour du monde en solitaire, sans escale et sans assistance extérieure. Mais au lieu de rentrer et de franchir la ligne d'arrivée, il décidera finalement de suivre sa voie jusqu'à Papeete, dans le Pacifique. Ce choix est le résultat d'une longue délibération intérieure et d'un hasard de navigation – un *miracle* écrit-il le lendemain dans son carnet de bord,

« et je suis là, en paix, l'étrave pointée vers l'Orient, alors que j'aurais pu me trouver cap au nord, avec un drame au fond de moi ».

Le Pacifique, l'océan Indien, la mer des Caraïbes, je me demande d'où vient cet attrait pour les tropiques. Je veux dire, au-delà des clichés contemporains de plages bordées de cocotiers, de cocktails et de salsa. Qu'est-ce qui pouvait pousser par exemple à l'époque des jeunes filles de bonne famille, qui auraient pu prétendre à un mode de vie confortable en métropole, à s'exiler dans les Indes coloniales, à affronter la dengue, la chaleur bien peu britannique et l'éloignement des leurs? Comment a-t-on créé du rêve à partir des horreurs du système colonial, malgré l'esclavagisme, malgré le pillage et toutes les atrocités commises de part et d'autre de l'équateur, malgré les guerres, le napalm, les machettes, les cyclones, malgré les maladies infectieuses et les tigres mangeurs d'homme? Par quel mystère l'imaginaire tropical et les vestiges de la vie coloniale continuent-ils à alimenter les fantasmes? Même la descente aux enfers du *Fitzcarraldo* de Werner Herzog, le terrible *Au cœur des ténèbres* inspiré du séjour de Joseph Conrad en 1890 au Congo, sa déclinaison hollywoodienne *Apocalypse Now*, les images terribles de la guerre du Vietnam et *Voyage au bout de l'enfer* n'ont vraisemblablement pas ruiné tout le potentiel sentimentaliste des tropiques.

La touffeur même, cette chaleur lourde et chargée d'humidité, est associée à une part de mystère et de licence à la lisière de l'érotisme. Et curieusement, la confrontation avec le réel, alors que le désir le plus envahissant consiste à ne surtout pas bouger, n'amoindrit pas le fantasme. À Pondichéry, les villas « Heritage » sont à cette image : d'anciens palais français à colonnades abritant des jardins luxuriants, dont la décrépitude ne fait qu'augmenter le charme. L'humidité, que je hais en France, renforce ici ma fascination pour l'été perpétuel des tropiques. Les graines que j'avais récupérées à Delhi refusent obstinément de sécher et ont commencé à pourrir, mes cheveux frisottent au-delà de toute mesure et moi qui ai toujours décrété que je détestais la chaleur, ici je ne me lasse pas de finir mes journées en sueur. C'est tout de même énigmatique.

Le terme même de tropicalisation est ambigu. Tropicaliser, c'est à la fois rendre *insensible* et rendre *similaire* au milieu tropical. Un appareil photo ou des munitions qui ont été tropicalisés ne craignent plus l'humidité. Mais un Occidental tropicalisé est devenu, par ses goûts et ses habitudes, incapable de vivre ailleurs. D'un côté on ne sent plus la moiteur, de l'autre on ne peut plus s'en passer. Peut-être sont-ce deux manières opposées de s'acclimater, *se blinder* contre le milieu ou *s'y fondre* ?

Lorsque j'ai commencé à écrire mon roman *Là où le feu et l'ours*, c'était l'hiver dans le Vercors. Je grelottais dans la pièce où j'écris, qui n'est chauffée que par un petit poêle. Emmitouflée dans mes couvertures, par la porte vitrée je ne voyais que silence glacé, branches nues et immobilité. J'ai été prise d'une brusque envie de tropicalité. C'est de ce désir d'effervescence et de luxuriance qu'est née l'Oasis ; lui, qui l'a peuplée de ses habitants à griffes et à plumes, dik-diks, singes hurleurs et margays. Et je m'y suis laissée *fondre* avec plaisir. Aurais-je été tropicalisée par mon propre roman ?

Peut-être le tropical est-il tout simplement, dans cette nostalgie des confins que génère la mondialisation, le plus *ailleurs* que l'on puisse s'offrir.

33.

Je suis rentrée dans une France à feu et à sang après un mois passé en Inde, dans un autre monde.

Dès l'arrivée à Paris, j'ai été assaillie par le froid et le gris. Il faisait nuit. Je suis montée dans un taxi conduit par un chauffeur misogyne et réactionnaire, déterminé à me dresser l'inventaire de tout ce qui n'allait pas selon lui – les manifestations, les autres taxis, les poubelles, les vélos, la maire de Paris. Comme une session de rattrapage express de quatre semaines de plateaux à scandales et d'éditos éhontés. Il m'a séchée. En une demi-heure, un froid glacial avait recouvert des dizaines de pages de notes remplies de banians géants, de culture du millet, de joie et de réflexions sur l'avenir ; le gris avait avalé la couleur des saris.

Puis le premier grand incendie s'est déclaré mi-avril dans les Pyrénées-Orientales. Bien avant l'été, les indices de sécheresse étaient équivalents à ceux d'un mois de juillet. Quelques jours plus tôt, le gouvernement avait présenté son « plan eau ». Un ensemble de mesures qui laissait arroser les golfs, remplir les bouteilles en plastique de grandes firmes, cracher de la neige artificielle pour quelques skieurs et organiser des Jeux olympiques. Et ce, après avoir assailli et mutilé des opposants aux mégabassines à Sainte-Soline, et criminalisé le premier mouvement social de l'eau. Le chef de l'État, dans la foulée, demandait une pause réglementaire en matière de normes environnementales. Deux mois plus tard, il annonçait travailler à un scénario d'un réchauffement climatique à quatre degrés.

Franchement, il y a des moments où il y a de quoi se sentir découragée.

En mai 2016, nous avons regardé les yeux écarquillés vers l'Inde où, pour parer les tentatives d'agriculteurs désespérés de voler de l'eau, les autorités de l'État du Madhya Pradesh avaient pris la décision radicale d'en organiser la surveillance par des gardes armés. Cela nous semblait loin. Quelques années plus tard, dans un contexte de sécheresse aggravée et de militarisation accrue de la société, qui sait ce que nous réservent les prochains étés ?

34.

Pour moi, la guerre de l'eau a commencé en Syrie.

Dans un territoire qui figure parmi les plus touchés par les effets du réchauffement climatique, en proie à des températures caniculaires et des sécheresses terribles, les sols ravagés par la monoculture intensive, ne disposant ni de montagnes ni de forêts, la Syrie du Nord a dû affronter l'assèchement de l'Euphrate par la construction de barrages en amont par la Turquie. C'est là que j'ai vu pour la première fois les effets meurtriers de l'accaparement de l'eau.

Je m'y suis rendue en avril 2018. Nous étions peu nombreux à l'époque. La révolution syrienne, la répression sanglante du régime puis les combats contre Daech avaient pendant longtemps rendu tout séjour trop risqué. J'ai fini par saisir une fenêtre de tir et m'y suis rendue avec le soutien d'un fixeur et de militants kurdes. J'ai franchi la frontière depuis l'Irak dans un petit bac fluvial avec trois journalistes françaises puis ai été accueillie de l'autre côté du Tigre, sur la rive syrienne, par le mouvement des femmes du Rojava.

Ma première rencontre avec le mouvement kurde avait eu lieu deux ans avant, en Turquie. Je m'y étais rendue à l'invitation du Parti démocratique des peuples, le HDP, pour participer à la Fête du printemps, Newroz, à Diyarbakir. C'était l'année de son interdiction par le président Erdogan, à la suite de la tentative de coup d'État. C'était aussi le début d'une longue période de répression qui devait envoyer nombre de maires et parlementaires du HDP en prison, rejoignant ainsi les militantes et militants des droits de l'homme, journalistes, universitaires et artistes qui ne cessent depuis d'y être incarcérés. Mordue par la cause, j'avais ensuite participé à plusieurs missions d'observation internationale de procès politiques à Ankara.

Je découvris à cette époque les mots du poète kurde Sherko Bekas qui m'accompagnèrent dans chacun de mes déplacements :

> « Que c'est difficile de voir la forêt en pleurs, arbre après arbre. Et que toi, tu ne puisses même pas sécher la larme d'une seule feuille. Quand la forêt brûle, quel arbre peut se dire impartial, pour ne pas prendre feu ? »

Puis ce fut la compagnie de Nâzım Hikmet, dont la fenêtre de prison donnait sur les sommets d'une montagne, l'Uludag. Comme Rosa qui depuis la prison de Breslau s'émerveille de voir « les cimes vertes de quelques arbres », – est-ce parce que je contemple le Vercors immuable depuis ma table d'écriture ? –, ces vers en particulier n'ont cessé de m'habiter :

> « Voilà sept ans que nous nous fixons
> les yeux dans les yeux
> cette montagne et moi.
> Et nul ne bouge ni elle
> ni moi.
> On se connaît pourtant de près.
> Elle sait rire et se fâcher
> comme tout ce qui vit pour de vrai. »

Mais fin 2017, on me fit savoir que je n'étais plus la bienvenue en Turquie.

J'avais entre-temps appris l'existence du Rojava. On parlait d'un territoire bordant la frontière avec la

Turquie qui, après des années d'oppression, s'était déclaré autonome du régime syrien à la faveur de la révolution. Le Rojava rejetait la notion d'État et prônait la puissance des femmes pour changer le monde. En 2014, le premier contrat social avait établi l'égalité des sexes, la souveraineté du peuple comme principe démocratique, le droit de vivre dans un environnement sain fondé sur l'équilibre écologique, et le principe de séparation de la religion et de l'État. Il y avait de quoi enflammer les esprits.

On trouvait alors peu d'articles sur le sujet et ceux-ci étaient soit des charges sommaires assimilant les Kurdes à des terroristes, soit des textes si dithyrambiques qu'au final il commença à sérieusement me démanger d'aller voir par moi-même. J'en revins avec beaucoup d'observations directes et le sentiment de ne pas avoir tout compris. Mais j'avais tout de même glané de quoi compléter les lectures existantes, souvent théoriques, pour les confirmer sur certains points (la place des femmes) et les nuancer sur d'autres (celle de l'écologie). Quant au confédéralisme démocratique, qui était la grande affaire des libertaires, j'en avais entrevu les signes, mais la situation de conflit permanent, la gestion des ruines et des blessés, les impératifs d'autodéfense face aux nouvelles attaques venues de l'armée turque, le contexte de blocus, de pénurie et d'urgence lié à la simple survie étaient tellement prégnants qu'il était difficile de juger de quoi que ce soit. Néanmoins, les principes étaient bien là.

Par-delà une compréhension très incomplète de ma part – beaucoup d'éléments demeurèrent opaques, je n'étais restée que deux semaines sur place et je ne parlais pas la langue –, j'en revins surtout avec une hypothèse proche de celle que j'ai de nouveau ressenti dans les Jawadhu Hills : il y avait là des enseignements à tirer pour l'avenir.

La Syrie du Nord m'est apparue comme la combinaison d'un effondrement de la société – décomposée et recomposée par les conflits, les morts et les manques généralisés – et d'auto-organisation. Loin de se réduire à un territoire sinistré et à une population civile à aider, l'expérience tragique du Rojava avait sans doute beaucoup à nous apprendre sur ce qui nous guettait et les options politiques pour en amoindrir les effets, à défaut de pouvoir les éviter. Comme je l'ai souvent dit depuis, un brin provocatrice, ce n'est sans doute pas une perte de temps dans le contexte actuel que de réfléchir et s'entraîner à vivre sans État, sans eau et sans électricité.

35.

À cette période, on commençait à parler d'effondrement en France. Face au succès grandissant de la collapsologie, tout le monde y allait de son commentaire, souvent pour alimenter ses propres thèses. Elle était perçue tantôt comme une arnaque pseudo-scientifique ou une nouvelle secte apocalyptique, tantôt comme une compilation de faits effrayante mais salutaire, parfois vilipendée comme une scélérate invitation au nihilisme militant ou, à l'inverse, saluée comme un appel au sursaut.

Parmi les nombreuses critiques qui plurent alors sur les collapsologues, certaines étaient franchement malhonnêtes et ne nous avançaient pas. Mais d'autres étaient judicieuses et nourrissaient le débat. Ce fut le cas à mon sens des voix qui saluèrent avec ironie le fait que des Occidentaux privilégiés réalisent soudain ce que pouvait signifier le fait de vivre dans un monde effondré, comme il en existait ailleurs depuis tant d'années. Je regrettais en revanche que cela passe sous silence le caractère inédit de ce qui nous menaçait. Car cet effondrement-là n'était pas le résultat d'une dictature ou d'un conflit armé, mais d'éléments géophysiques avec lesquels on ne peut pas négocier, pas plus qu'on ne peut les destituer. Les bouleversements en outre étaient pour certains irréversibles. Cela faisait de cet effondrement moderne une situation totalement nouvelle dans l'histoire humaine.

Je trouvais d'autant plus sain et intéressant le fait de tourner nos regards vers les pays déjà dévastés qui expérimentaient *de facto*, généralement dans le fracas et le chaos, une organisation plus ou moins bancale en situation de pénurie, de conflits et de technologies absentes ou défaillantes, à base de déjà-là et d'économie de subsistance. Tout en soulignant avec énergie la différence entre pénurie et sobriété, il me semblait qu'on tenait là une des voies les plus fécondes pour réfléchir en responsabilité à la suite. Ceux qu'on avait trop longtemps déconsidérés et pris pour des confins arriérés pourraient bien devenir les pointes avancées de ce qui était en train de tous nous rattraper. Nous avions besoin de leurs perspectives.

Pour être honnête, je n'ai pas l'impression d'avoir été très suivie dans le champ politique. Il y aurait pourtant fort à imaginer et à construire en matière de revanche des pays du Sud et des plus déshérités, qui sont les premiers à souffrir aujourd'hui mais pourraient bien s'avérer paradoxalement les plus expérimentés et les plus alertes *in fine*, quand des pans entiers de notre monde moderne viendront à s'effondrer. Mon séjour en Inde n'a fait que renforcer cette conviction.

Les polémiques sur la collapsologie m'ont vite lassée. Il me semblait qu'il y avait deux tâches prioritaires sur lesquelles rester concentrée. La première était de profiter de l'élan de prise de conscience ainsi créé et de s'efforcer de transmuter les émotions individuelles en un sentiment de puissance et en agir collectifs. La seconde consistait à repartir du réel et à rompre avec l'orthodoxie dans laquelle je m'étais construite, pour réfléchir le plus sincèrement et le plus lucidement possible à ce que ces deux données croisées nous disaient de la situation : le dépassement inédit de limites planétaires d'une part, et la réception qui en était faite d'autre part. Le résultat n'était pas glorieux. Je n'étais pas plus visionnaire qu'une autre et je n'avais aucun moyen de savoir si l'effondrement au singulier, le *big one*, aurait lieu, ni sous quelle forme ni quand. Mais j'avais bénéficié d'un bon poste d'observation les dix années précédentes et j'étais intimement convaincue d'au moins trois choses : nos sociétés allaient être percutées de plein fouet, les pauvres trinqueraient en premier, et l'entreprise de destruction du climat et de la biodiversité devait être urgemment stoppée.

Cinquante années ont été perdues depuis les premières alertes scientifiques et politiques, un demi-siècle qui aurait dû être consacré à la transition.

Il y a cinquante ans, à l'époque du premier choc pétrolier et du rapport Meadows sur les limites à la croissance, les grandes multinationales de l'énergie comme Total ou Exxon ont commandé des rapports scientifiques qui ont établi de manière juste et précise les impacts qu'auraient leurs activités sur la concentration en dioxyde de carbone et la hausse des températures. Ces rapports ont tous été dissimulés pour continuer d'engranger des profits. Des dirigeants savaient et disposaient des leviers pour changer de trajectoire ; ils ont sciemment et délibérément décidé de poursuivre des activités qui nous condamnaient. En cinquante ans, les émissions mondiales de dioxyde de carbone générées par les énergies fossiles sont passées de 14,2 à 36,8 milliards de tonnes.

Ce demi-siècle perdu va nous coûter très cher. Il est en train de nous ôter la possibilité même d'une transition planifiée : les chocs les plus sévères commencent à se produire sans que nous y soyons préparés.

Il y a quinze ans, on pouvait encore appeler à la planification par les pouvoirs publics de ce tournant monumental consistant à réduire drastiquement la production en s'interrogeant sur son utilité sociale et son impact environnemental, à imaginer d'autres éducations, d'autres manières d'être à autrui et au monde, à faire le tri dans les technologies, à développer des compétences spécifiques au démantèlement et des alternatives qui permettent de préfigurer l'avenir, c'est-à-dire de faire exister dès maintenant le monde auquel on aspire. On pouvait, on *devait* alors envisager qu'il y aurait une phase de transition, car tout ne s'arrête pas en appuyant sur un bouton. Il y fallait au moins deux conditions : la volonté politique et cette étendue de temps nécessaire à un paquebot gigantesque pour virer de bord autour de son centre d'inertie.

Mais aujourd'hui, alors que les secousses se font de plus en plus soudaines, intenses, brutales, alors que les effets du dérèglement climatique s'accélèrent, on ne peut éviter de se poser la question : y aura-t-il une transition ?

Ce point d'interrogation est vertigineux et effrayant.

Il a de nombreuses implications.

36.

Arundhati Roy évoque dans un de ses romans la circulation de Chandni Chowk à Delhi comme

> « un enchevêtrement de voitures, bus, rickshaws et carrioles à cheval manœuvrés par des individus qui

parvenaient, allez savoir comment, à conduire dangereusement à la plus faible vitesse inimaginable ».

Il faut l'avoir vécu pour savourer toute la justesse de ce paradoxe. Cela m'a pris un temps de comprendre qu'en Inde les avertisseurs ne sont pas des klaxons. S'ils sonnent, ce n'est pas pour intimer l'ordre de s'écarter, mais au contraire pour prévenir de ne surtout pas dévier de sa trajectoire. La règle, si tant est que je l'ai comprise, est celle-là : avancer lentement mais avancer droit sans s'arrêter. Un scooter ne met jamais le pied à terre. Et il est interdit par l'honneur de rétrograder. Cela vaut pour tout ce qui bouge dans la rue. Les deux-roues, les rickshaws, les chiens, les vaches, les piétons, les vendeuses ambulantes et les *sadhus*.

Comme l'a souligné Paul Virilio, ce qui rend l'accident dramatique, c'est sa vitesse de surgissement. Cela vaut pour les collisions de la route comme pour les soubresauts de l'histoire. Or le changement climatique, l'extinction de la biodiversité, la dégradation de la qualité de l'air, le dévissage des conditions de vie ne se sont jamais produits à un rythme aussi rapide qu'aujourd'hui. Ces dégâts sont le résultat d'un système économique fondé sur la rentabilité du capital et des aspirations et modes de vie qui lui permettent de perdurer. C'est pourquoi ralentir ne suffira pas. Il nous faut aussi rompre avec les normes établies et changer drastiquement de trajectoire. Contrairement à un piéton engagé dans les ruelles de Chandni Chowk, il en va de nos vies de dérouter le futur – et désormais de le faire brusquement. Qui sait combien de temps encore nous aurons le luxe de choisir entre sobriété et pénurie ?

> « Marx avait dit que les révolutions sont la locomotive de l'histoire mondiale. Mais il se peut que les choses se présentent tout autrement. Il se peut que les révolutions soient l'acte, par l'humanité qui voyage dans ce train, de tirer les freins d'urgence. »

Ces pensées de Walter Benjamin, Michael Löwy en a exploré tous les chemins. Il a montré à quel point être en avance sur son temps consiste parfois non à accélérer mais au contraire à ralentir et retarder l'imminence de la catastrophe. Je crois fermement que notre horizon doit être l'envers d'un futur programmé. Entraver le désastre en cours, actionner les freins d'urgence : ce sera là notre révolution. Dans un monde qui court à sa perte, cette redéfinition du caractère révolutionnaire semblera peut-être trop fade à certains, parmi les plus martiaux ; à moi elle paraît lumineuse.

Ce frein d'urgence peut assurément prendre plusieurs formes. Le désir de grève générale, jamais assouvi, en est un qui revient à chaque mouvement important. « On arrête tout », comme le proclamait *L'An 01* de Gébé, « on réfléchit et c'est pas triste ». Mais cela finira-t-il par arriver un jour ? Et a-t-on vraiment besoin encore d'y réfléchir ?

Tout est su et documenté, ce qui ne tourne pas rond comme la manière dont il faudrait procéder. Le dernier rapport du Giec en fournit encore, s'il en était besoin, le résumé. Il n'y a pas eu une telle quantité de dioxyde de carbone dans l'atmosphère depuis au moins deux millions d'années et cela est dû aux activités humaines. « La fenêtre d'action pour garantir un avenir vivable et durable pour tous se referme rapidement. » Entre 3,3 et 3,6 milliards d'individus sont en situation de « forte vulnérabilité » au changement climatique, qui affecte notamment la sécurité alimentaire et hydrique. Les événements climatiques extrêmes vont continuer de se multiplier et/ou de s'intensifier. Chaque dixième de degré supplémentaire a des effets pires que le précédent. La probabilité de changements irréversibles, les *points de bascule*, augmente. La glace de mer de l'Arctique devrait cesser d'exister l'été dès les années 2030 et ce, quelles que soient nos émissions à venir. Et même si le réchauffement s'arrêtait aujourd'hui, l'élévation du niveau des mers se poursuivrait encore pendant des siècles.

Voilà pour l'état des lieux. Quant aux réponses à y apporter, on les connaît depuis des années. Sobriété énergétique et matérielle, abandon du mirage des technologies et de la mal-adaptation, réorientation des financements publics, attention aux plus défavorisés et impératif de justice sociale. On a *déjà* réfléchi. Il y en a des pages et des pages, écrites depuis des années, de mesures programmatiques qui n'auront cependant d'effet que dans l'hypothèse d'une arrivée au pouvoir.

Enfin, quant à savoir s'il reste une possibilité de dire avec Gébé « et c'est pas triste »... j'aimerais en être sûre.

Nous sommes entrés dans une nouvelle ère. S'il faut toujours sauver chaque dixième de degré et continuer de lutter pour préserver la beauté qui existe encore, cela ne doit pas nous aveugler sur le fait que des trajectoires sont lancées qui ne seront plus arrêtées. Il nous faut repartir du réel, aussi déplaisant soit-il à regarder.

J'ai passé quinze ans à alerter et à agir au sein de sphères plus ou moins institutionnelles, dont dix ans à la direction nationale du Parti de gauche et deux mandats d'élue régionale. J'ai connu dans les rangs militants de grandes et belles choses, mais aussi suivi des chemins étroits. J'ai accompagné, de toutes mes forces, des brouillons plus ou moins réussis. Je tente d'en tirer les leçons de la manière la plus lucide et honnête possible aujourd'hui.

37.

Je pensais, il y a quinze ans, qu'il serait plus rapide et plus efficace de prendre la place du gouvernement que d'infléchir sa politique. La stratégie pour cela était de mobiliser à la fois la rue et les urnes : le mouvement social, les luttes environnementales et le suffrage universel. Mais je suis arrivée au terme de cette expérience, et le contexte lui-même, en mutant, a modifié la donne.

Après tant de manifestations, de débats publics, d'indignation et d'interpellations sur tous les fronts, j'ai désormais l'intuition que les actions de nature revendicative atteignent leurs limites. On ne peut que le déplorer, mais force est de constater que le fait d'être le plus nombreux possible, au même endroit et au même moment, avec les mêmes revendications, ne pèse plus de la même manière. La forte mobilisation contre la réforme des retraites a permis de réactiver le mouvement social et de transmettre des pratiques de luttes à une nouvelle génération, mais pas de faire reculer le gouvernement. Rien ne semble affecter le pouvoir en place. Trop de digues ont sauté, démocratiques notamment, et je crains qu'il ne faille se résoudre à battre en brèche l'idée selon laquelle le gouvernement agira si nous l'interpellons avec suffisamment d'intensité. L'idée même de *rapport de forces* sur laquelle s'est construite la culture politique des gauches syndicales et ouvrières, si elle a permis d'arracher de grandes conquêtes sociales au siècle dernier, est en train de s'étioler : elle permet encore parfois de faire émerger des débats, d'activer la bataille culturelle ou de modifier des perceptions et des constructions sociales, mais elle n'engrange plus de grandes victoires en termes de droits.

On l'a vu avec les Gilets jaunes, les marches pour le climat, la campagne de « L'affaire du siècle » : si on nous avait dit il y a quinze ans qu'on serait plus de 2 300 000 à signer un texte sur le climat, on aurait sauté de joie. Mais que s'est-il passé, concrètement ? Le tribunal administratif a reconnu la faute de l'État en février 2021, puis ordonné au Premier ministre de prendre d'ici au 31 décembre 2022 « toutes les mesures utiles » pour réparer le préjudice. En 2023, le gouvernement n'avait pas bougé d'un iota. Je ne dis pas que c'était inutile, cela a produit d'autres effets et nous devons faire feu de tout bois. Mais nos vies n'en ont pas été changées.

On pourrait avancer de nombreuses explications à cette impossibilité manifeste de percuter l'autorité publique. Je crois notamment que l'État néolibéral est désormais trop profondément intriqué d'intérêts économiques et personnels pour les faire passer après l'intérêt général. L'effet cliquet des lois sécuritaires et de l'antiterrorisme, le développement de l'arsenal numérique en matière de contrôle et de surveillance nous ont également fait franchir un cap que le gouvernement n'a aucune vergogne à utiliser. Dès lors, la seule chose que nous récoltons des mobilisations de masse, c'est davantage de répression et de brutalité. On touche aux limites de ces modes d'action. On ne peut pas continuer à aller se faire arrêter, ficher, surveiller, matraquer, mutiler.

Maria Mies et Veronika Bennholdt-Thomsen souhaitaient dépasser le « vieux concept de révolution, entendu comme renversement violent, généralement soudain, du pouvoir de l'État et des relations sociales ». L'évolution du régime politique leur donne raison. Le contexte est éminemment défavorable à une résistance frontale. Nous n'en avons ni les forces ni le temps.

En outre, la teneur du débat public a sérieusement périclité en quinze ans. Le développement des chaînes d'information en continu, les réseaux sociaux et leur influence ont dévoyé le fait politique.

Il s'agit aujourd'hui d'exister, que ce soit en mal ou en bien. La priorité au direct au détriment de l'analyse de fond, l'écho que trouve le moindre tweet dans les journaux, la nécessité de tout commenter en permanence, la prime à la polémique et au *clash* que produisent les algorithmes, tout ceci alimente une confusion fatale entre *action* politique et *communication* politique. Échapper à ces règles du jeu qui font dévisser le politique est un défi en soi. Or les partis sont tenus, par leur fonctionnement même, de s'y conformer. Leurs élus et militants ne peuvent faire l'économie de la visibilité, ils doivent pouvoir être reconnus sur un bulletin de vote, passer à la télévision, être toujours présents, répondre aux injonctions de l'actualité. La stratégie de conquête du pouvoir par les urnes s'est faite entropie : une quantité considérable d'énergie s'y perd, elle nous disperse et requiert un temps infini. Cette injonction à l'omniprésence est en outre un fléau qui étouffe l'empathie en encourageant le manichéisme et l'outrance. Elle vole le temps nécessaire à la lecture, de rapports comme de romans. Elle détourne de ce qui nourrit l'esprit et décadre la pensée, des activités qui prennent trop de temps dans un monde où tout doit être instantané. Les moments perspectivistes et l'exploration des confins y sont une gymnastique difficile à réaliser. Quel responsable de parti peut s'absenter du monde pour mieux l'embrasser ?

Entendons-nous bien. Mon propos n'est pas de déserter ces institutions ni de jeter aux orties le plaidoyer. Nous avons besoin de la chambre d'échos que fournissent les parlementaires, de la bataille menée au sein des assemblées, des campagnes d'alerte, des commissions d'enquête et de l'appui des élus locaux. J'ai mesuré à quel point des vies pouvaient être impactées par des changements de majorité, et l'action politique comme syndicale, localement, peut mener à des victoires modestes mais réelles. Enfin, l'honnêteté m'oblige à reconnaître que certaines tâches essentielles sont pratiquement impossibles à prendre en charge sans le secours de l'État et sans action centralisée. Il reste de nombreux domaines que l'on ne sait pas gérer avec justesse au niveau local et de manière autogérée. Parmi les points épineux figurent la justice, la sûreté face à la probable multiplication des conflits liés à la raréfaction des ressources ou à la faim, ou encore la sécurité face au risque accru d'accidents industriels en cas de défaillance de la maintenance, du complexe nucléaire notamment, dont les risques en cas de rupture du système sont incalculables.

J'adorerais voir mises en œuvre toutes les mesures que nous avons construites sur le papier. Mais on ne peut plus se contenter d'essayer de hisser au pouvoir celles et ceux qui nous semblent le plus à même de l'exercer. Une myriade de personnes feraient mieux que l'actuel gouvernement, c'est absolument certain – même si j'ai appris à me méfier de ce que devient le bon sens quand il se frotte à la puissance. Cela ne doit néanmoins pas accaparer nos forces, car enfin, serait-ce raisonnable dans ces conditions de tout miser sur d'hypothétiques victoires électorales ? En avons-nous le temps ? Écarter ce doute serait une faute de la pensée. L'offensive ne peut attendre. Empêcher de bétonner les terres, refuser que l'eau soit accaparée par quelques-uns, démanteler ce qui doit l'être, cesser de collaborer avec un système délétère, prendre soin. Il convient de *faire* et *défaire*, avant que n'advienne l'irrémédiable.

38.

Les progrès réels et l'envie d'y croire ne doivent pas obscurcir notre clairvoyance : l'opinion est loin d'être majoritairement acquise aux questions environnementales et de justice sociale.

Au-delà des phénomènes d'entre-soi dont personne n'est exempt et des bulles de filtres, dans lesquelles les algorithmes de recommandation nous laissent croire que tout le monde a la même opinion, on se rend vite compte que ce n'est pas le cas. J'interviens régulièrement dans des écoles, des collèges et des lycées autour de ces questions. L'idée d'une « génération climat » est séduisante et la prise de conscience en hausse constante, c'est indéniable. Mais cela ne suffit pas à résumer la réalité. De nombreux jeunes restent très éloignés de ces sujets, j'en ai régulièrement la douloureuse confirmation. C'est encore plus vrai pour les adultes dont beaucoup ont d'autres préoccupations, matérielles notamment, qui les accaparent et dont l'urgence leur bouche l'horizon. Si l'information sur le climat et l'environnement, sur ses liens avec le système économique même, a fait un bond en qualité et en quantité depuis dix ans, certaines personnes ont encore peu accès à l'information ou ne voient passer que le traitement très orienté qu'en font les médias dominants. Enfin, il y a la masse de personnes qui savent et s'en soucient, mais n'ont pas les moyens de changer leur mode de vie. Et puis, il reste les irréductibles. Ceux qui n'en ont pas la volonté et ne changeront jamais d'opinion. Il suffit pour s'en convaincre de regarder les ventes record de SUV, le développement des commandes sur Amazon et, plus généralement, la frénésie de consommation.

Pour le dire crûment, l'élan nécessaire n'est pas majoritaire. Hormis dans certaines mobilisations locales, quand le paysage qu'on chérit, son lieu de vie et ses attachements quotidiens sont directement et très concrètement menacés, le militantisme a du mal à déborder son cadre initial. Le contexte global ne provoque pas le changement drastique qu'il appelle. Les effets sont pourtant là, sous nos yeux, dans nos vies; les catastrophes ont commencé. Même dans un pays encore privilégié comme la France, des villages sont désormais ravitaillés en eau potable par camion-citerne. Nous ne verrons plus jamais les baleines basques, les phoques corses et les petits canards méditerranéens. On a perdu un quart des oiseaux en Europe depuis 1980, et plus des deux tiers de la population animale dans le monde. Je n'ai jamais cru à la pédagogie de la catastrophe, le nucléaire en est un parfait contre-exemple, mais tout de même. Que faut-il de plus?

Las, empiler les arguments, les répéter ou les crier plus fort n'en fera pas une vérité partagée. J'ai l'intuition au contraire qu'avec la montée des idéologies, ces grilles figées d'interprétation du réel, chaque nouvel argument ne fait que renforcer les opinions déjà formées. Alors que nous n'avons jamais autant eu besoin d'un changement de perspective, les regards semblent vissés. Le coronavirus et la guerre en Ukraine, ces deux chocs successifs ont évidemment bousculé tout le monde. Mais que ce soit sur la déforestation et les zoonoses, l'agro-industrie, l'« indépendance » énergétique, le nucléaire et l'usage des technologies, sur la défense et l'armement, il me semble que cela a surtout consolidé les positions. Peu de personnes ont *vraiment* changé d'avis. De nouveaux camps sont même apparus, parfois entre amis ; les clivages se sont approfondis.

S'il faut bien sûr continuer à sensibiliser et argumenter, ne serait-ce que pour former l'esprit critique des jeunes, tout miser sur le fait que petit à petit une masse critique sera convaincue de changer de braquet me semble illusoire et, dans ce contexte, parier sur un succès électoral me semble pour le moins risqué. Je crains que nous n'ayons atteint un plafond de verre dans ce domaine aussi. De nouveaux conservatismes pourraient même apparaître, au fur et à mesure que la situation va se corser. Car là où croît le péril, croît aussi le mirage du sauveur, les replis idéologiques et la tentation d'un ordre viril.

Faudrait-il alors s'organiser en avant-garde éclairée, en misant sur la part de la population la plus consciente et la plus politisée ? C'est de fait ce qui se passe dans la plupart des mouvements – même de masse et même dits horizontaux. Mais la notion d'avant-garde s'accompagne toujours d'un soupçon d'élitisme et de risques de dérive antidémocratique. Et l'on sait que si une révolution s'organise, elle ne se décrète pas. Il lui faut un contexte matériel, une culture commune, une humeur sociale favorables. Les avons-nous ? Là encore, j'en doute.

Non, ce dont nous avons besoin est un changement de perspective qui puisse mettre chacune et chacun en mouvement sans attendre les consignes ni que les conditions soient réunies.

> « Les changements nécessaires à une perspective de subsistance ne présupposent pas d'avant-garde politique. Il ne s'agit pas non plus d'attendre que la situation politique ou les forces productives soient mûres. Ces changements peuvent être initiés par chaque femme et par chaque homme, ici et maintenant. »

Je crois, comme le formulent ainsi Maria Mies et Veronika Bennholdt-Thomsen dans *La Subsistance*, qu'il s'agit de *faire* sans attendre avec le déjà-là et de ne compter que sur nous-mêmes ou, comme le disait David Graeber, de vivre « comme si nous étions déjà libres », soit de mêler le *préfiguratif* – qui donne à voir dès maintenant ce à quoi pourrait ressembler l'avenir – et le *performatif* pour matérialiser ce que l'on veut voir advenir.

39.

Cette idée qu'il nous faut passer du registre *revendicatif* au champ *performatif* me poursuit depuis des années et, au fil du temps, elle n'a fait que s'affermir. Nous avons besoin de provoquer des changements immédiats sans en déléguer la mise en œuvre à l'institution ou à l'État.

Performatif, c'est ce qu'on dit d'un verbe dont l'énonciation constitue simultanément l'action qu'il exprime. Par exemple *Je promets*, *Je m'excuse* ou *La séance est ouverte* : le dire, c'est le faire. Dans le champ de l'action, prendre le tournant du registre *performatif* revient à acter le caractère de plus en plus inopérant du plaidoyer et de l'action revendicative, face à des pouvoirs et lobbies désespérément hermétiques à la nécessité de changement. L'action performative n'a pas besoin de faire la une ni de se soucier des sirènes médiatiques : elle est sa propre fin. Sont performatives des actions qui ont un impact immédiat et direct sur le réel, qui ne visent pas à pousser une revendication ou à peser sur une autorité : dont l'effet est contenu dans leur propre réalisation.

Ces actions performatives peuvent prendre des formes variées. Planter un arbre fruitier a un effet *en soi* en matière de biodiversité, de confitures à venir, d'ombre et de fraîcheur. Se munir de seaux de peinture et dessiner à même le bitume une bande de ralentissement devant une école, comme l'ont fait les habitants d'un quartier excédés par l'inaction de la mairie, c'est performatif. Retirer la pompe d'une mégabassine empêche, instantanément, de puiser dans les nappes d'eau souterraines : c'est performatif.

Bien sûr, ce caractère seul ne suffit pas à faire une stratégie. Outre le préfiguratif et le performatif, il convient de prendre en compte une troisième dimension : l'*offensif*. Se tricoter un pull en hiver par exemple est un acte performatif mais inoffensif. Dynamiter un barrage, une antenne 5G ou un data-centre est à la fois performatif et offensif, mais ne préfigure pas du monde dans lequel on désire vivre, plutôt celui dont on ne veut plus. À l'inverse, les communautés autogérées qui existent depuis cinquante ans, si elles remplissent leur fonction de préfigurer d'autres manières de vivre, n'ont hélas pas eu l'effet offensif que l'on pouvait espérer.

Il me semble qu'aujourd'hui nous pouvons trouver un intérêt à manier ces trois dimensions et à viser autant que possible à les combiner. Il ne s'agit pas pour autant d'exclure systématiquement ce qui ne serait pas jugé assez offensif. Car être offensif, c'est aussi parfois exclure de l'action des personnes dont c'est la première sortie et qui ont besoin d'un sas d'initiation, ou des individus qui ne peuvent pas ou ne veulent plus s'exposer à la répression. Il s'agit surtout de se munir d'une grille commune et de dépasser les binarités actuelles. Violence – non-violence, réformisme ou révolution, radical ou mou : on a arpenté ces clivages pendant des décennies, ils reposent sur des questions mal posées, les débats sont maintenant biaisés et alourdis d'un passif d'incompréhensions et de conflits. Les renouveler, y mettre du relief en sortant d'un plan en deux dimensions, peut nous aider utilement à trouver des modes d'actions mieux adaptés à chaque objectif et à chaque situation.

Pour toutes ces raisons, j'accorde beaucoup d'intérêt à l'émergence de mouvements autonomes, organiques et composites, qui ne confondent pas radicalité et radicalisme, polémique et action politique. Des collectifs qui n'opposent pas le cerveau et les mains, la lutte et la gentillesse, la théorie et la pratique. Qui, par leur nature indisciplinée, et affranchis des enjeux des élections, peuvent échapper aux carcans des institutions. Des réseaux qui ont appris à se satisfaire de la multiplicité des tactiques et des cultures politiques, à archipéliser les îlots qui tentent de s'organiser différemment, en dehors du système, et qui allient dans un même mouvement justice sociale, combat écologique et défense du vivant.

Nous ne partons pas de rien. Dans les villes et les villages, dans les forêts et les champs, sur les terrains d'opération, il existe des *medics*, des réseaux de ravitaillement, de l'autoconstruction, des fermes collectives, des groupes d'entraide mutuelle, des coopératives, des bases arrière et des cantines solidaires, des lieux d'accueil de migrants, de l'accompagnement juridique, des caisses antirépression, des brigades de solidarité, des réseaux amicaux… qui changent déjà des vies, qui résistent et initient des changements, qui contribuent à l'atténuation comme à l'adaptation, insufflent une autre atmosphère sociale que celle de la compétition, grignotent le système et doublonnent les institutions, s'ancrent dans des territoires et savent se démultiplier sans être des millions.

Rien de tout cela ne se fera sur un tapis de roses ni dans un pur élan de joie, mais une chose est sûre :

plus on attend et plus ce sera compliqué. Nous avons tout à gagner à commencer dès à présent à choisir nos dépendances, à conserver la possibilité de cultiver pour se nourrir, à auto-organiser la solidarité et *in fine* à se redonner un avenir. La lucidité et la dignité nous y obligent. Si le registre de ce qu'on *peut* faire ici et maintenant est notoirement insuffisant, il n'en est pas moins impératif. Alors faire ce qu'on peut, et le faire de son mieux. Ce n'est pas *la* solution, il n'y a ni raccourci ni baguette magique à notre disposition. Mais quoi qu'il se produise dans le futur, cette voie du performatif et du préfiguratif, de la décroissance, de l'autonomie politique et matérielle, de la subsistance et de l'auto-organisation réduit notre dépendance au système et tisse de précieux espaces de solidarité. Quand le risque d'effondrement de l'État augmente, quand l'autoritarisme et le chaos climatique frappent à nos portes, ce sont des éléments clés, à notre portée, que l'on aurait tort de dédaigner. C'est là que se reprend, aussi, la puissance d'agir. Et cela me semble aujourd'hui indispensable si l'on veut sérieusement passer du programme à l'action.

40.

Nous sommes de plus en plus nombreuses et nombreux à ne vouloir renoncer ni au pessimisme de la lucidité, ni à la puissance de la volonté, ni au secours de la beauté. À vouloir vivre comme si nous étions déjà libres, à préférer la sobriété à la pénurie, l'autonomie et la subsistance au règne de l'argent et à la publicité. Nos élans et nos inquiétudes sont de plus en plus partagés. Les faits hélas nous donnent raison. Et ils nous donneront raison, de plus en plus, au fil des années. Mais même quand le monde semble ruiné, il reste de la beauté à préserver, des combats à mener et des horizons à construire.

Ces dernières pages ne sont pas très réjouissantes, j'en suis consciente ; je me refuse à enjoliver les choses. Elles ne doivent pas pour autant éclipser tout ce qui les a précédées. Car dans ce contexte, plus que jamais, nous aurons besoin de confins où s'échapper et d'*ailleurs* où aller trouver la beauté.

Il nous faudra aussi apprendre à voir celle qui est là, nichée dans le minuscule des choses, dans ces merveilleux insignifiants qui nous entourent. Il faudra penser à regarder par la fenêtre depuis nos hâtes et nos prisons, comme nous y invite Rosa :

> « N'oubliez pas, même si vous êtes occupés, même si vous traversez la cour à la hâte, absorbés par vos tâches urgentes, n'oubliez pas de lever la tête un instant et de jeter un œil à ces immenses nuages argentés et au paisible océan bleu dans lequel ils nagent. »

Et puis il faudra parfois redescendre sur terre et revenir à soi pour se sentir fier de ses actes et de ses choix.

Bien sûr, il ne s'agit pas de remplacer une injonction par une autre, et on a parfaitement le droit de trouver qu'il n'y a rien à sauver dans la médiocrité ambiante, d'envoyer au diable l'espoir, la joie et la résilience et, simplement, comme je l'ai lu quelque part, « d'en chier sans avoir à en faire une danse ». Mais ça ne fait pas une vie. Nous avons besoin, chacune et chacun à sa manière, de ces confins où la disgrâce du monde ne peut plus nous engloutir. De lieux où se retirer en silence, d'espaces où il est possible de rêver plus loin, de terriers où s'inventer d'autres réalités, de livres qui évadent ou élèvent la pensée, et de poches bien profondes où enfoncer les mains. Autant d'*ailleurs* intimes ou collectifs, réels ou fictifs, de confins qui peuvent être proches comme lointains car il n'est pas nécessaire de se déplacer pour changer de perspective : c'est un bougé en soi.

L'art sait depuis toujours qu'il existe une esthétique du chaos. Je déteste le sadisme qui trouve sa volupté dans la souffrance de l'autre, tout comme la complaisance qui consiste à magnifier l'horreur, mais je ne peux que constater que celle-ci produit parfois des fulgurances de beauté, d'autant plus déchirantes qu'elles côtoient la tragédie. Ainsi dans les Sundarbans, à jamais liés pour moi au *Pays des marées* d'Amitav Ghosh, le photographe indien Arko Datto a documenté la catastrophe en cours dans un delta du Bengale progressivement englouti par les eaux. Comment l'enfer peut-il être aussi beau… Ses photographies génèrent des éclairs esthétiques qui ne gomment en rien le propos dramatique. Le magnifique et l'horreur peuvent coexister ; ils le font même sans arrêt.

La vie manie avec une dextérité étonnante les dés de l'attrait et de la répulsion. Le beau et le laid, l'ennuyeux et le passionnant, le familier et l'exceptionnel, la joie et les tracas : il nous faut embrasser tout cela. Sauf à être assigné à un bonheur perpétuel ou à un écrasement constant, c'est dans l'intervalle entre ces deux pôles, de leur alternance, que naît le sentiment incandescent d'être vivant. Cheminer sur cette ligne de crête qui oscille sans cesse entre inquiétude et émerveillement, et y trouver nos points d'équilibre, implique une égale aptitude à déceler la beauté, à s'en réjouir et à poser un regard lucide et déterminé sur ce qui est en train de la saccager.

Dans une ère marquée par l'ambiguïté, passer en un éclair d'une humeur primesautière à la plus profonde des gravités n'est pas faire preuve d'inconstance. Cultiver son esprit et regarder la catastrophe en face sans y perdre toute légèreté n'est pas de l'insouciance. Et se retirer de l'anormalité du monde pour mieux l'embrasser n'est pas une désertion. Ce va-et-vient, cette gymnastique des confins, est une des plus belles manières d'éviter le cynisme comme l'angélisme, et *in fine* de rester dignement humains.

Il y a des points de bascule, pas seulement pour le climat mais aussi dans l'histoire. Nous y sommes je crois, ou nous n'en sommes pas loin. Alors oui, allons trouver la beauté ailleurs, performatifs en diable et debout sur les freins.

« On vous a sortie de prison. Devant la porte, je crois que des soldats vous ont abattue à coups de crosse, à coups de pied. Vous êtes morte ainsi. Puis on a fait disparaître votre cadavre. Les officiers accusés du crime ont été laissés en liberté. Les témoins militaires ont disparu.

Quand vous étiez en prison, vous m'avez écrit plusieurs lettres. Je n'étais pas encore né, pourtant, à cette époque-là. Maintenant que je vous lis, je réponds à une morte. Mais quelle importance ? Rien n'a changé, vous savez, depuis le temps. Presque rien. Le monde est toujours aussi beau, l'espoir toujours aussi grand. Oui, nous serons calmes et sereins en dépit de tout, puisque les nouvelles sont bonnes, puisque par vous nous savons que toutes les prisons du monde sont impuissantes à briser l'espoir et la tendresse, jusqu'au jour où nous pourrons vivre notre vie, sans même souhaiter à vos bourreaux la mort que vous avez connue. À quoi bon ? Ces fous ont dû vous faire pitié, à l'instant du poing levé sur votre visage.

Savaient-ils ? Savaient-ils que pendant des jours et des semaines vous aviez dit l'amour et l'espoir quotidien, pauvre mère compatissante, assise devant une table de prison, face à une muraille de prison, surveillée par des gardiens de prison, en prison pour délit de liberté ? Dehors, ils vous attendaient pour accomplir leurs gestes de tueurs. Ils ont tué, c'était l'ordre.

Nous avons aussi, à notre époque, ce genre d'hommes. C'est dire que rien n'a vraiment été fait pour l'humanité. Devant les tâches qui s'imposent, nous nous sentons parfois découragés. Nous ne manquons pourtant pas d'idéologies, de tactiques et de drapeaux, au contraire. La conscience politique nous occupe au point que nous ne savons plus dire : "Je vous embrasse et vous serre affectueusement la main." Le cœur nous manque, votre cœur – j'aimerais dire votre âme si ce mot ne risquait pas de vous tirer hors du vivant.

Nous avons besoin de vous. Nous avons besoin de savoir que les idéologies ne sont en fin de compte que des armes qu'il faudra jeter par-dessus bord une fois le but atteint. Nous combattons pour la beauté des arbres, l'odeur du vent, la chaleur d'un regard et la couleur du ciel. Nous sommes des fanatiques du bonheur, c'est ce que me disent vos lettres. Et il me semble qu'avant de les lire, je n'avais jamais entendu parler de la Révolution. Oui, nous avons besoin de vous, surtout maintenant que les brumes de la nuit semblent se déchirer un peu partout. Peut-être est-ce le jour qui vient, peut-être faudra-t-il attendre encore longtemps, je ne sais. Mais à l'aurore nous aurons à réparer bien des saccages, à relever bien des ruines, et je ne parle pas de blessures visibles. Peut-être une fois de plus tomberons-nous de haut, vaincus par cette étrange maladie qui rend la joie suspecte et l'amour condamnable, quand l'ordre ne l'inspire pas.

Peut-être aussi nos futurs enfants liront-ils ces pages, et sauront-ils à l'évidence que votre combat méritait tous les sacrifices. Ils le sauront par la petite musique du cœur, mélancolique et obstinée, qui court tout au long de vos lettres et qui dit l'essentielle vérité : "Je suis la tendresse quotidienne et l'humaine compassion. Ne m'oubliez jamais, je suis ce que vous avez de plus cher en ce monde."

Un jour, Rosa, si nous arrivons à vivre enfin, nous ne vous élèverons pas une statue de pierre, c'est promis. Vous ne deviendrez pas un nom de rue ou de jardin public, mais je souhaite ardemment que vous soyez toujours fidèlement présente dans tous les délicieux printemps du monde.

Je vous embrasse et vous serre affectueusement la main. »

Merci à mes chères et tendres, du Diois et d'ailleurs,
de m'avoir lue quand j'étais en Inde
et d'avoir supporté de bon cœur mes images
de cocotiers quand elles se gelaient les fesses
contre la réforme des retraites.
Merci à Geneviève pour son amitié chaleureuse
et ses conseils de lecture avisés.
Merci à elle, Nico, Nath et Marie
pour leurs relectures enthousiastes
et leur fidèle soutien.
Merci, toujours, à mon Corvus splendens
et à mon secret de mari,
qui a su trouver les bons mots
quand il fallait m'encourager à Pondichéry.

Corinne MOREL DARLEUX
Alors nous irons trouver la beauté ailleurs

*Édition préparée
par Charlotte* DUGRAND,
Bruno BARTKOWIAK
et Nicolas NORRITO

Éditions LIBERTALIA
*12, rue Marcelin-Berthelot
93100 Montreuil
www.editionslibertalia.com
Indicatif éditeur : 978-2-9528292*

Diffusion et distribution
HARMONIA MUNDI *livre*

Reproduit et achevé d'imprimer
sur les presses de Corlet à Condé-en-Normandie
le 10 septembre 2023
Premier tirage : 12 000 exemplaires
N° d'imprimeur : 23080388
Dépôt légal : 3e trimestre 2023
Imprimé en France